# 史學會雜誌第一號

明治二十二年十二月十五日發兌

## 論説

### 史學ニ從事スル者ハ其心至公至平ナラザルベカラズ（明治廿二年十一月一日第一會演述）

會員 文科大學教授 文學博士 重野安繹

本會設立ノ事ハ、余從來修史ノ職ヲ奉シ、帝國大學ヘ轉任以後、御雇教師獨逸人リース氏ト面晤シ、氏ノ學會ヲ設ケ、雜志ヲ發行スルノ必要ナル説ヲ聽キ、余モ亦其必要ヲ感シテ、屬僚ニ其旨ヲ傳ヘタリ、然ルニ幸ヒ文科大學生諸氏、史學攷究ノ爲メ、學會設立ノ企アルニ際シ、相共ニ一致シテ、此會ヲ創立シ、雜志ヲ發行シテ、史學攷究ノ目的ヲ達セント欲スルナリ、

本會創立ニ臨ミ、發起者ヨリ會長ノ任ヲ囑託セラレ、開會ノ基礎確定シテ、會長ヲ投票公撰スル迄ハ、假ニ臨時會長ノ任ニ當リ、今日マデハ、會長ノ姿ナルヲ以テ、殊更ニ本會ニ向テ冀望スル事モ隨テ多シ、請フ會員諸君、十分ニ此事ヲ擔任セラレ、且廣ク世間ノ史學ニ志アル人々ヲ誘引アリテ、本會ヲシテ後來益々盛

監修者――加藤友康／五味文彦／鈴木淳／高埜利彦

［カバー表写真］
「大日本編年史」

［カバー裏写真］
重野安繹(左)と久米邦武

［扉写真］
重野安繹「史学ニ従事スル者ハ其心至公至平ナラザルベカラズ」
(『史学会雑誌』第1号，明治22年12月15日発行)

日本史リブレット人 082

# 重野安繹と久米邦武

## 「正史」を夢みた歴史家

*Matsuzawa Yusaku*

松沢裕作

目次

## 歴史家の誕生

重野安繹（一八二七～一九一〇）と久米邦武（一八三九～一九三一）。この二人の名前がならぶとき、共通点として想起されるのは、二人が明治政府の歴史編纂事業に従事し、また帝国大学文科大学の国史科設立時の教授をつとめ、近代日本の日本史研究の草創期を代表する「歴史家」である、ということである。

しかし、この二人が行動をともにしていたのは、一八七九（明治十二）年三月、久米が太政官修史館《だじょうかんしゅうしかん》▲に転任してきてから、九二（同二十五）年、いわゆる「久米事件」▲によって帝国大学を追われるまでの一三年間である。重野の八四年、久米の九三年の生涯のなかでは短い一時期といわねばなるまい。

二人はいずれも、幕末《ばくまつ》に、当時の正統的な教養である漢学《かんがく》を身につけた知識

▼**太政官修史館**　一八七七（明治十）年に設置された政府の歴史編纂機関。一八八六（明治十九）年に内閣臨時修史局に引き継がれた。詳しくは本書③章を参照。

▼**久米事件**　久米邦武の論文「神道《しんとう》は祭典《さいてん》の古俗《こぞく》」が引き起こした一連の事件。詳しくは本書④章を参照。

人であったが、その活動は今日的な意味での「歴史家」の枠にはおさまらない。久米は、重野が没した際に書いた追悼文のなかで、重野に日本史に関する業績がなかったとしても「一代の偉い大学者」であったことはまちがいないと述べている。実際、同時代人にとって重野は、単に歴史家としてだけでなく、漢学・漢文の大家として著名だった。久米にしてからが、今日のわれわれにとっては、歴史家としての業績より、むしろ、岩倉使節団《いわくらしせつだん》▲の公式記録である『特命全権大《とくめいぜんけんたい》使米欧回覧実記《しべいおうかいらんじっき》』の編纂者としてのほうがなじみ深いかもしれない。

つまり、彼らは最初から歴史研究を志し、専門教育を受けて歴史家になったわけではない。久米の言葉を借りれば、彼らは広い意味での「学者」として生きたのであり、彼らが歴史研究の分野において著名となったのは、明治政府が歴史編纂事業を推進するなかで、彼らがそれを担当する人材として配属されたからにすぎない。しかし、そのことが結果的には、後世からみたときに、彼らが近代日本における第一世代の歴史家という地位を占めることにつながったのである。

そして二人は、西洋思想の影響のもとで近代化に向かう時代を、漢学という



▼**岩倉使節団**　一八七一（明治四）年から七三（同六）年にかけて、岩倉具視《ともみ》を正使として米欧各国を巡廻した使節団。大久保利通《おおくぼとしみち》・木《き》戸《ど》孝允《たかよし》など政府首脳が参加した。久米邦武は随行員としてこれに加わった。

江戸《えど》時代の教養を背景に生きた知識人という点でも共通している。新しい学問が生まれ、新しい教育機関が設置されていくなかで、旧時代の教養を基礎としながら、なかば偶然によって歴史家となっていった彼らの姿を追うことは、すなわち、近代日本における歴史家の誕生、歴史学の誕生の場面に立ちあうことにほかならない。

# ①—藩と江戸

## 幕末の経歴

重野安繹と久米邦武はちょうど一回り年が違う。重野は一八二七(文政《ぶんせい》十)年、久米は一八三九(天保《てんぽう》十)年の生まれである。しかし、その幕末《ばくまつ》における経歴には似通ったところがある。重野は薩摩藩《さつまはん》、久米は佐賀藩に生まれ、それぞれの藩校《はんこう》で学び、江戸《えど》の昌平坂学問所《しょうへいざかがくもんじょ》(昌平黌《しょうへいこう》)に留学したのち、藩主《はんしゅ》に仕える儒学者《じゅがくしゃ》(藩儒《はんじゅ》)に取り立てられるというコースである。藩と江戸という二つの場所が、彼らの知識人としての教養を形づくる出発点となった。

## 昌平黌と重野

重野安繹(幕末は厚之丞《あつのじょう》と名乗っていた。号は成斎《せいさい》)は、一八二七(文政十)年十月六日、当時薩摩藩島津《しまづ》家の支配下にあった薩摩国鹿児島郡坂本町《さかもと》(現、鹿児島市の一部)に生まれた。父太兵衛《たへえ》はもと商人で、藍《あい》の製造に従事し、その功績によって郷士《ごうし》となった人物である。

▼島津斉興　一七九一〜一八五九。薩摩藩主。

昌平坂学問所

幼いころから能《のう》の囃方《はやしかた》、とくに鼓《つづみ》の演奏と、文筆とに才能を発揮し、薩摩藩主島津斉興《なりおき》▲とその子島津三郎《さぶろう》（のちの島津久光《ひさみつ》）の相手として、藩の御能方《おのうがた》に召しだされて禄《ろく》四石《こく》をあたえられたのが、重野の藩士としての登用の始まりである。

一八三九（天保十）年、数え年一三歳で藩校造士館《ぞうしかん》に入学し、のち学生のなかから抜擢されて授業の手伝いをする「句読師助寄《くとうじのすけより》」となった。このとき、御能方としての勤めを続けるか、句読師助寄として学者への道を選ぶかの選択を迫られた重野が、後者を選択したことが、彼の一生を決定することになった。二一歳のときにはさらに一つランクが上の「句読師助《すけ》」に昇進する。

そして一八四八（嘉永《かえい》元）年、二二歳で江戸にでて、昌平坂学問所（昌平黌）に入学、五四（安政《あんせい》元）年まで同所で学ぶことになる。昌平黌は幕府《ばくふ》直轄の教育機関であり、本来、将軍の直臣《じきしん》の教育機関であったが、諸藩士《はんし》なども受け入れていた。直臣は「寄宿寮《きしゅくりょう》」に、諸藩士などは「書生寮《しょせいりょう》」にそれぞれ寄宿したが、重野はこの「書生寮」にはいったわけである。ともかく、重野は、江戸時代の教育の中心である昌平坂学問所で、もっとも正統的な、朱子学《しゅしがく》を核とする儒学の教養を身につけたのである。

　重野の昌平黌時代について注目すべき点は二つある。一つは、時代背景とそのなかでの昌平黌の位置である。重野が昌平黌で学んだ時代、とくにその最後の二年間は、ペリー来航と開国の可否をめぐる維新《いしん》の激動の開始期と重なっている。昌平黌の教師たちも、学生たちも、それぞれのこの状況に、知識人としてどう対応するかが問われる時代となったのである。近年の研究では、従来の、朱子学にこりかたまった保守的儒学者の牙城としての昌平黌というイメージを修正し、この時期の昌平黌の儒者たちのなかに、西欧の知識や国際情勢についての情報を柔軟に吸収し、積極的な開国論を展開する知識人の系譜をみいだそうとする見解が提出されているが、その中心人物として取り上げられるのが学問所儒者古賀謹一郎《こがきんいちろう》▲(茶渓《さけい》)である。重野が昌平黌で直接に指導を受けた儒者は安積艮斎《あさかごんさい》であったが、入学時の師は古賀であったと伝えられている。重野もまたこうした環境のなかで、漢学《かんがく》のみならず、西洋の知識や国際情勢にふれていた可能性がある。このことは、のちに重野が外交交渉にかかわることや、西欧の歴史記述に強い関心を示す背景として、重要であろう。

▼**古賀謹一郎**　一八一六～八四。幕府の儒者。父は古賀侗庵《とうあん》、祖父は古賀精理《せいり》という儒学の名門に生まれる。一八五三(嘉永六)年にはロシア使節プチャーチンとの応接にあたる。西欧知識の摂取にも積極的で、のち洋学所頭取、大坂町奉行《まちぶぎょう》・製鉄奉行並《なみ》・目付《めつけ》などを歴任。

▼**三浦安**　一八二九～一九一〇。伊予西条藩出身。維新後は官僚となり、東京府知事、貴族院《きぞくいん》議員などを歴任。

▼**藤野正啓**　一八二六～八八。伊予松山藩士。漢学者。維新後は昌平学校教授、松山藩大参事《だいさんじ》などをへて、太政官修史局、修史館で編修官をつとめる。

▼**岡千仞**　一八三三～一九一四。仙台藩士。漢学者。維新後は太政官正院歴史課・修史局、修史館に勤務し、東京図書館長などを歴任。

▼**中村正直**　一八三二～九一。号は敬宇《けいう》。幕府の儒者として出発し、のち洋学者に転じる。一八七

第二は、ここでつちかった人脈が重野にとってもった意味である。重野とともに昌平黌に学んだ学生のなかには、伊予《いよ》西条《さいじょう》藩士三浦安《みうらやすし》▲、伊予松山《まつやま》藩士藤野正啓《ふじのまさひら》▲(海南《かいなん》)、仙台藩士岡千仞《おかせんじん》▲(鹿門《ろくもん》)などがおり、彼らはのちに重野とともに明治政府の修史《しゅうし》事業に参加するメンバーである。重野にとって、昌平黌でともに学んだ全国の諸藩士との関係が、重要な資産となっていたことがわかる。一方、寄宿寮に学ぶ幕臣《ばくしん》のなかには、中村正直《なかむらまさなお》▲や田辺太一《たなべたいち》▲・榎本武揚《えのもとたけあき》▲といった人びとが同時代に在籍していた。いずれも幕末から明治にかけて、思想的・政治的に重要な位置を占める人物であり、とくに、洋学《ようがく》に傾斜してゆくことになる中村や、幕府の外国方に勤務し、外交官への道をあゆむ田辺と交流をもっていることは、さきに述べた国際環境に敏感に反応する昌平黌の儒者たちという点とかかわり、重野と西洋との出会いの発端として留意しておく必要がある。

さて、重野は、一八五四年、藩主島津斉彬《なりあきら》▲に抜擢され、造士館訓導師《くんどうし》となる。ただし、国許の藩校に勤務したわけではなく、江戸屋敷詰《づめ》である。久米邦武は、後年の回想のなかで、久米が昌平黌にはいったころ、重野厚之丞という人物は江戸の学者の世界では「天下の才子」として著名であった、と述べている。

○(明治三)年スマイルズ『西国立志編《さいごくりっしへん》』の翻訳を手がけ、ベストセラーとなる。東京大学教授、元老《げんろう》院議官《いんぎかん》などを歴任。

▼**田辺太一**　一八三一～一九一五。幕臣として外国奉行所に勤務、二度にわたり幕府使節団の一員として渡欧。維新後は外務省に勤務し、岩倉使節団に参加、駐清《しん》代理公使などを歴任した。

▼**榎本武揚**　一八三六～一九〇八。幕臣として海軍教育を受け、一八六二(文久二)年オランダへ留学。江戸城開城後軍艦引渡しを拒否して箱館《はこだて》にいたり、新政府に抗戦。一八六九(明治二)年五月降伏。のちに罪を赦され、明治政府の官僚として対露交渉を担当し、海軍卿《きょう》、逓信《ていしん》大臣、外務大臣、農商務大臣を歴任。

▼**島津斉彬**　一八〇九～五八。薩摩藩主。近代技術導入を積極的に推進し、将軍継嗣問題では一橋《ひとつばし》慶喜《よしのぶ》を推して活動。

▼**依田学海**　一八三四〜一九〇九。佐倉藩士の家に生まれ、維新後は地方官会議御用掛《ごようがかり》、太政官修史局・修史館、文部省に勤務するかたわら、漢学者・小説家として名をなし、演劇改良運動にもかかわった。



同時代の史料のなかにも、一八五六(安政三)年五月、当時、江戸で勉学に励んでいた佐倉《さくら》藩士依田七郎《よだしちろう》(のちの依田学海《がっかい》▲)が記した日記のなかに、ある友人が薩摩の重野先生のもとで学んでいる、という記述があるので、すでにこのころ、重野は江戸で門下をもつほどの学者として認められるようになっていたといえるだろう。

ところがここで重野の人生は暗転する。それは、昌平黌留学生をめぐる金銭トラブルであった。重野は、藩から江戸の留学生へ送られる学費・生活費をまとめて受け取り、各学生に交付する役をつとめていたが、あるとき、金に困った一人の学生が、別の学生に送られた学費・生活費を貸してくれるよう重野に依頼し、その別の学生とは借りた学生が話をつけるという約束で金を貸した。ところがこれがもとで、重野は文書偽造の罪に問われ、一八五七(安政四)年、江戸から薩摩に送り返され、翌年三月、奄美大島《あまみおおしま》に遠島となってしまったのである。

この事件の背景・真偽のほどは判然としない。のちに重野の小伝を執筆した西村時彦は、重野が妬みを買っていたこと、また重野が島津斉彬の政治工作を担っていて、反対派の攻撃対象になったという説を提示しているが、根拠はない。同時代には賭碁《かけご》に負けて金を使い込んだという説も流布していたようである。

ともかくもこうして重野の江戸滞在時代は突然に幕をおろし、奄美大島での遠島生活が始まった。おりしも政局は安政の大獄《たいごく》へと急展開し、失脚した西郷《さいごう》隆盛《たかもり》が奄美大島に流されてくる。重野と西郷は、西郷が復権する一八六二年まで三年を奄美大島でともにすごすことになった。両者の居住地は別々であったが、両者が行き来していたことは、西郷が大久保利通に宛てて送った手紙のなかに、重野が西郷を訪問したという記述があることから知られる。

## 幕末佐賀藩と久米

久米邦武(幼名は泰次郎《たいじろう》、のち丈一郎《じょういちろう》と改める。号は易堂《えきどう》)は、一八三九(天保十)年七月十一日、佐賀城下の八幡小路《はちまんこうじ》に、佐賀藩士久米邦郷《くにさと》の次男として生まれた。のちに兄が世を去り、邦武が家督を相続することになる。父邦郷は、佐賀藩の特産物である有田《ありた》の陶磁器《とうじき》の生産を監督する皿山代官《さらやまだいかん》や、佐賀藩大坂蔵屋《くらや》敷《しき》詰、長崎聞役《ききやく》▲などを歴任した人物であり、とくに経済関係に明るい吏僚《りりょう》であった。のちにもふれるように、久米の思想と行動には経済的なものへの関心が強くみられるが、これはこの父の影響といえよう。

一八四六(弘化《こうか》三)年、藩校弘道館《こうどうかん》の幼年部門である蒙養舎《もうようしゃ》に入学。そのころ大坂にいた父から書籍を送ってもらい、とくに歴史書を読みふけったという。また藩校に所蔵される「史記《しき》」「漢書《かんじょ》」などの書籍のなかでも、誰も読まなかった「表《ひょう》」の部分、つまり数値データを掲げた部分を算盤《そろばん》を使って読んだという。「学館に算盤を執って読書した者は、余が始」とは久米自身の後年の言である。経済と歴史と、この二つへの久米の関心は早くからのものであった。

また、佐賀藩は代々長崎警衛の任務を背負っており、西洋列強からの圧力が高まるこの時期、藩主鍋島直正《なべしまなおまさ》▲を先頭に西洋式軍備の導入に熱心であったことも、久米の知的環境を構成したものとして重要であろう。久米も一八五三(嘉永六)年、父に随行して長崎を訪れているが、それはまさにロシア使節プチャ▲ーチンが長崎に来航したときであり、久米自身間近にロシア軍艦をみている。西洋の存在は、少年の久米にとってもまた、遠いものではなかった。

▼**長崎聞役**　西国諸藩が、長崎と国許《くにもと》との連絡、長崎における情報収集などのために長崎においた役職。

▼**鍋島直正**　一八一四～七一。佐賀藩主。藩の軍事的近代化に力を入れ、反射炉《はんしゃろ》の建設などを実現させる。一八六一(文久元)年十一月隠居して以後閑叟と号したが藩内外で政治的影響力を保持した。維新後新政府の議定をつとめる。

▼**プチャーチン**　一八〇三～八三。ロシア海軍軍人。一八五三(嘉永六)年遣日使節として長崎に来航。一八五四(安政元)年下田《しもだ》に再来し、五五(同二)年一月日露和親《にちろわしん》条約を締結。ついで一八五七(安政四)年十月長崎で追加条約、五八(同五)年八月江戸で日露修好通商《しゅうこうつうしょう》条約を締結した。

一八五三年に元服した久米は、五四(安政元)年、弘道館の寄宿舎である内生《ないせい》寮《りょう》に入学、終生の友人となる大隈重信《おおくましげのぶ》(八太郎《はちたろう》)の知遇をえる。一八六一(文久《ぶんきゅう》元)年には、弘道館の生徒のなかから抜擢されて、藩主直正・継嗣直大《なおひろ》とともに、『唐鑑《とうかん》』▲を講読する会のメンバー八人の一人に加えられる。ここでは直正も久米らの学生たちも闊達に議論をし、時には久米の言が直正の不興を買って、周囲から言を慎しむよう忠告されることもあったという。

そして一八六三(文久三)年一月、江戸に派遣され、昌平黌の書生寮に入学、六四(元治《げんじ》元)年四月までの一年余をそこで学んだ。師は重野と同様、古賀謹一郎である。重野に比べ江戸滞在の時期はずっと短いが、藩を代表する秀才として江戸に送り込まれたことに変わりはない。帰国後は、隠居した前藩主鍋島閑《かん》叟《そう》の小姓《こしょう》に取り立てられ、閑叟の側近くに仕え、幕末政局のなかで活発に活動する閑叟の、個人的な対話の相手をつとめる知識人という役どころを担うことになる。

▼『唐鑑』　中国・宋《そう》代の学者范《はん》祖禹《そう》が著わした唐代についての歴史書。

## ②―西洋との出会い

### 薩英戦争と情報収集活動

一八六三(文久《ぶんきゅう》三)年春、重野は赦免《しゃめん》されて鹿児島に帰り、庭方《にわかた》に任命された。庭方とは表向きは庭木・小鳥などの世話をする役職であるが、実際には藩《はん》主《しゅ》や、当時薩摩《さつま》藩の実権を握っていた藩主実父の島津久光《しまづひさみつ》▲の側近くに仕える秘書的な役職である。

役職復帰後の重野を待ち受けていたのは、生麦《なまむぎ》事件から薩英《さつえい》戦争へと向かう薩摩藩の激動期であった。

重野がいまだ奄美大島《あまみおおしま》にあった一八六二(文久二)年八月二十一日、横浜《よこはま》近郊生麦村において、島津久光の行列を横ぎろうとしたイギリス人一行が薩摩藩士に切りつけられ、イギリス人リチャードソンが死亡するという事件が起きる。世にいう生麦事件である。賠償と犯人引渡しを求めるイギリスはまず幕府《ばくふ》とのあいだで賠償金交渉を妥結させたのち、翌一八六三年六月、代理公使ニール▲以下公使館員が、キューパー提督率いるイギリス艦隊に搭乗し、鹿児島湾に乗り

▼**島津久光**　一八一七～八七。薩摩藩主島津忠義《ただよし》の実父。幕末薩摩藩の事実上の最高権力者として、政局で大きな役割を果たした。維新後はしばしば新政府に対して不満を表明したが、一八七三(明治六)年から七六(同九)年まで左《さ》大臣をつとめた。

▼**ニール**　?～一八六八。イギリス陸軍軍人。一八六二年五月から六四年三月まで駐日代理公使。

▼**折田平内**　一八四七～一九〇五。薩摩藩士。維新後は内務《ないむ》省に勤務し、山形県令《けんれい》・福島県知事、警視総監、貴族院《きぞくいん》議員などを歴任。

込んで薩摩藩との直接交渉に臨む。

六月二十七日、鹿児島に投錨したイギリス艦隊に対して、翌二十八日、薩摩藩側から使者が派遣される。このときの使者に選ばれたのが、御軍役奉行《おぐんやくぶぎょう》折《おり》田平内《たへいない》▲・御軍賦役伊地知正治《いじちまさはる》▲・造士館《ぞうしかん》助教今藤新左衛門と、庭方の重野であった。

今藤と重野が加えられたのは、イギリス側との交渉において漢文による筆談が行われる可能性を念頭においてのものであったようだ。実際にはイギリス側は日本語通訳を帯同しており、日本文の要求書も携えていたから、そのような人員は必要ではなかった。交渉は決裂し、七月二日から四日にかけて、鹿児島湾で戦闘が繰り広げられる。いわゆる薩英戦争である。

しかし、この時期の薩摩藩にとって、重野の「使い道」は単に漢文筆談要員としてのみであったわけではない。戦争直後、薩摩藩は重野を長崎に派遣している。そして、八月には江戸《えど》に派遣され、江戸詰家老《かろう》だった岩下佐治右衛門《いわしたさじえもん》（方《まさ》平《ひら》）▲とともに、薩摩藩の代表としてイギリス側との和平交渉に臨むことになる。交渉は幕府役人立合いのもと、九月から十一月にかけて三回行われ、十一月一

▼**伊地知正治**　一八二八〜八六。薩摩藩士。戊辰《ぼしん》戦争で活躍し、維新後は左院議長、修史館総裁・副総裁をつとめる。

▼**岩下方平**　一八二七〜一九〇〇。薩摩藩士。維新後は京都府権《ごん》知事、大阪府大参事、元老院議官《げんろういんぎかん》、貴族院議員を歴任。

**薩英戦争**

日、被害者への「扶助金」を支払い、犯人を探索する約束をすることで妥結した。

こうした薩摩藩の危機ともいえる状況で重野が登用された理由は、重野が江戸に長く滞在し、幕府関係者とのコネクションをもっていたことと無関係ではあるまい。薩摩がイギリスとの直接交渉に乗りだした際、幕府は当時各国とのあいだで進行中であった横浜鎖港《さこう》交渉を優先させ、薩英交渉を延期させた。これに対して重野は幕府に対し「極密口上手控《ごくみつこうじょうてびかえ》」、すなわち非公式ルートによる内々の上申書《じょうしんしょ》を提出して、幕府に薩英交渉の仲介を要求している。当時幕府の外交折衝を担っていた外国方に、多くの昌平黌《しょうへいこう》出身者がいたことを考えれば、昌平黌で秀才としてその名を知られた重野が外国方の役人と個人的な関係を有していたことは想像にかたくない。薩英交渉の妥結のためには幕府の仲介が不可欠であった。実際、薩摩からイギリスに支払われた扶助金は実は幕府からの借入れによってまかなったものであった。

交渉妥結後、重野は京都をへて帰郷する(攘夷《じょうい》派による暗殺の危険があったともいわれる)が、翌一八六四(元治《げんじ》元)年には、今度は九州各地および中国地方へ、長州《ちょうしゅう》藩をはじめとする諸藩の形勢探索に派遣される。当時の長州藩は攘夷派

▼八月十八日の政変　一八六三(文久三)年八月十八日、薩摩藩・会津藩が中心となり、長州藩および尊王《そんのう》攘夷派の公家《くげ》を京都から追放したクーデタ。三条実美《さんじょうさねとみ》ら尊攘派の公家は長州藩兵《はんぺい》とともに長州へ追われた。

の拠点であり、前年八月十八日の政変《せいへん》▲で薩摩藩・会津《あいづ》藩を中心とした勢力によって京都を追われた、いわば薩摩にとっての政敵《せいてき》であり、その内情を探るという重要任務である。重野は三月と五月の二回にわたり、長州および小倉《こくら》藩・熊本藩・広島藩や長崎・幕府などの軍備の整備状況、政治情勢などについての報告書を作成し、藩に提出している。長州藩内への潜入にも成功し、四月三日には関門《かんもん》海峡の前田《まえだ》砲台で行われた長州藩の砲撃訓練を観察している。広島藩では旧知の儒者と面会して情報をえたりしているから、この任務も重野のもつ学者同士のネットワークを期待されてのものだったといえよう。

任務を終えて帰郷した重野は、五月十四日、父の病気を理由として辞職を申し出て認められる。この際、前年以来の江戸・長崎における活躍を評価されて、かつて江戸在勤時代の職である藩校《はんこう》造士館の訓導師《くんどうし》に再任され(ただし毎日の出勤は不要)、役料米《やくりょうまい》三〇俵という待遇をあたえられることになった。政治の一線から引いて閑職で処遇されることになったのである。

ともあれ、この時期は重野が政局の渦中で活動した唯一の時期であった。その背景には昌平黌時代につちかった幕府・諸藩士との人的ネットワークが存在していたが、その活躍は単に国内政治にとどまらず、結果的に漢学者《かんがくしゃ》重野を、日本と西洋との接触の最前線に押し出すことになったのである。

## ふたたび学者として

こうして藩の儒者としての地位に復帰した重野であったが、復帰後に彼が従事した仕事は主として二つあった。

一つは、「皇朝世鑑《こうちょうせいかん》」という歴史書を編纂したことである。これは、中国の歴史書『資治通鑑《しじつがん》』の体裁にならって、編年体《へんねんたい》の日本通史を編纂しようとした事業であり、歴史好きだった島津久光の命令によるものである。

重野は一八六四(元治元)年七月、この編纂の主任を命じられ、同年十月には藩校造士館内に専任部署である「史局《しきょく》」が設けられて、重野を含む四人の学者によって編纂作業が進められた。完成したのは翌一八六五(慶応《けいおう》元)年十二月であり、全四一冊、神武《じんむ》天皇から後小松《ごこまつ》天皇▲の代、つまり神話《しんわ》の時代から南北朝《なんぼくちょう》時代の終焉までをカバーする歴史書となった。

しかし、実はこれはあらたな歴史書を書きおろしたというわけではない。

▼**後小松天皇**　一三七七〜一四三三。在位一三八二〜一四一二。一三九二(明徳《めいとく》三)年閏《うるう》十月五日、南朝の後亀山《ごかめやま》天皇から三種の神器《じんぎ》を継承し、南北朝の合一《ごういつ》が実現した。

「皇朝世鑑」は、当時、日本の歴史書としてもっとも包括的で高い水準を有していた水戸《みと》藩編纂の『大日本史《だいにほんし》』をもとにして、それを再編集したものである。『大日本史』は、中国の正史《せいし》の形態である「紀伝体《きでんたい》」を採用していたが、その文章をならびかえて編年体に仕立てなおしたというのが実際のところなのである。記述が南北朝時代の終焉で終るのも、『大日本史』の記述の対象がそこまでであったからにほかならない。

しかし発案者である久光自身はこれに力を入れ、重野らが作成した原稿にみずから修正を加えたりしている。また、重野にも原稿の訂正、さらには南北朝時代以降の続編の編集という意図があったようであるが、果たされずに終った。一八七〇(明治三)年には西洋式の活版印刷による刊行も企画されたが、これも実現しなかった。

このように不完全かつ日の目をみなかった修史事業ではあったが、重野の生涯において、昌平黌時代に執筆した若干の史論を除けば、本格的に歴史の著作に関与した最初の事業であり、歴史家重野の出発点としてもつ意味は小さくない。

▼**『大日本史』**　水戸藩が編纂した歴史書。一六五七(明暦《めいれき》三)年、徳川光圀《とくがわみつくに》の命《めい》により編纂着手、明治維新後も編纂が続けられ、完成したのは一九〇六(明治三十九)年である。神武天皇から後小松天皇までの歴史を漢文・紀伝体で記す。いわゆる「水戸学」の思想的源流となった。

▼**紀伝体**　中国における伝統的歴史書編纂法の一つで、帝王《ていおう》の伝記である「本紀《ほんぎ》」と、臣下《しんか》の伝記である「列伝《れつでん》」を中心とする歴史書の編成法。『史記《しき》』に始まり、中国の「正史」の基本形態。

▼**編年体**　事件の年月日順に事実を記載する歴史書の編成法。中国古代の『春秋《しゅんじゅう》』や、日本古代の『日本書紀《にほんしょき》』などはいずれもこの方法で編纂された。

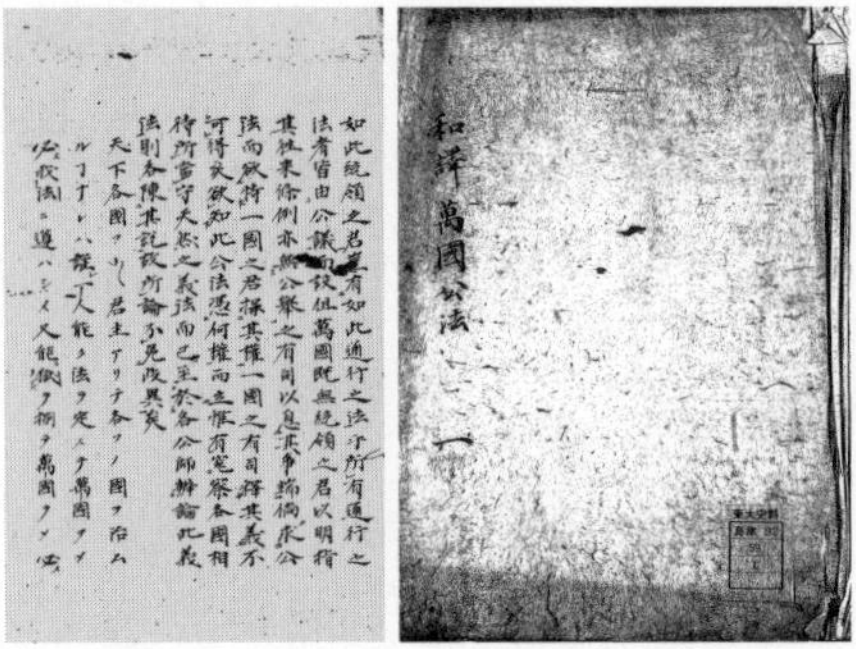

『和訳万国公法』稿本

▼ヘンリー＝ホイートン　一七八五～一八四八。アメリカの国際法学者・外交官。

もう一つ、幕末《ばくまつ》期に藩命《はんめい》でかかわった事業としてあげられるのが、『和訳万《わやくばん》国公法《こくこうほう》』の翻訳・出版である。この書物は、アメリカの国際法学者ヘンリー＝ホイートン▲が一八三六年に刊行した国際法の入門書が、六四年に中国で翻訳刊行されていたものを、さらに日本語に翻訳したものである。翻訳にいたった経緯は不明だが、西欧列強との直接交渉に乗りだしていった薩摩藩にとって国際法の知識は不可欠のものであったろうし、対英交渉の第一線に立った漢学者重野は、この書物の翻訳者として最適任者であったことはまちがいない。こちらはその一部が大阪の書店から一八七〇年に木版で刊行されている。

## 大阪から東京へ

こうして、薩長同盟《さっちょうどうめい》、大政奉還《たいせいほうかん》、王政復古《おうせいふっこ》と続く激動期を学者として比較的平穏の裡《うち》にすごした重野であったが、一八六八(明治元)年、大阪に派遣され、結果的にこれを機に重野は活動の拠点を鹿児島から大阪へ、そして東京へと移すことになる。

大阪派遣の任務は二つあり、一つはすでに述べた「皇朝世鑑」『和訳万国公法』の出版を進めること、もう一つは、藩主島津家の先祖についての調査を行うことであった。後者については重野は京都の寺社や近衛《このえ》家の文書の調査を行っている。「皇朝世鑑」の編纂に続く、重野の歴史との関わりである。もっとも、のちに述べるとおり、この島津家の先祖調べの件について重野がだした結論は、後年重野が島津家にきらわれる原因となってしまう。

しかしこうした藩の命令での大阪滞在中の事業は、出版・先祖調べのいずれも十分な成果をあげなかったようだ。そして、重野の言い分によれば、長期間に大阪に滞在している間に諸藩士のなかから入門を請う者があいつぎ、仕方なくこれを引き受けているうちに、塾を開いているかのような状態になったという。もちろん、重野にとってこれは金銭的な利得がともなったであろうから、「仕方なく」というのは藩に対する言い訳の部分もあろう。一八七一（明治四）年二月、重野は辞職を申し出て、無役の藩士として大阪で塾を主宰するという立場になる。この間、重野の門下で学んだ塾生のなかに、三菱財閥《みつびしざいばつ》の創始者岩崎《いわさき》弥太郎《やたろう》▲の弟、弥之助《やのすけ》▲がいた。弥之助は重野を生涯師として尊敬し、岩崎家は晩年の重野の活動を経済的に支えることになる。

▼**岩崎弥太郎**　一八三四〜八五。土佐《とさ》の下級武士の家に生まれ、土佐藩参政《さんせい》吉田東洋《よしだとうよう》の推挙によって登用、藩の長崎貿易で功績をあげ、廃藩置県後は土佐藩の事業を引き継いで三菱会社を創設。

▼**岩崎弥之助**　一八五一〜一九〇八。弥太郎の弟。一八八五（明治十八）年、兄の死後三菱会社の経営を引き継いだ。

一八七一年一月、一度帰郷した重野は身辺整理をすませ、三月、大阪に戻る。そして同年七月の廃藩置県《はいはんちけん》による薩摩藩の消滅を迎え、九月、東京へと転居する。三菱会社の蒸気船《じょうきせん》に乗っての東京行きだったと伝えられる。

東京でも大阪同様に塾を開くが、まもなくその年の十二月二十六日、文部省八等出仕・編輯寮《へんしゅうりょう》地誌局《ちしきょく》勤務として政府の官僚となる。重野の長い官吏《かんり》としての履歴の始まりである。一八七二(明治五)年五月には左院《さいん》勤務となり、七三(同六)年九月には左院編輯課長となった。この時期の重野の官僚としての職務内容は不明であるが、一八七五(明治八)年四月十四日、太政官正院修史《だじょうかんせいいんしゅうし》局《きょく》副長に任命され、いよいよ歴史家としての彼の本格的な活動がスタートする。時に重野、数え年で四九歳であった。

## 藩政改革から岩倉使節団へ

一方、重野より一二歳年下の久米邦武が藩政の中枢にかかわるようになるのは、明治維新《いしん》後のことである。一八六八(明治元)年、久米は藩校弘道館《こうどうかん》の教諭に抜擢され、藩校のカリキュラム改革を実行した。そして翌一八六九(明治二)

年には、藩校生徒たちの藩政改革要求を背景として、藩の首脳から改革案の起草を委嘱される。中央における王政復古に対応して、佐賀藩でもそれにふさわしく政治組織をつくりなおそうとの機運が高まったのである。久米はこの作業に時間をとられ、藩校へ出勤する時間がとれなくなったため、藩校生徒たちから今度は藩校での教育を放棄するのはけしからんと責め立てられ、教諭職を辞任した。久米の立案にかかる藩政改革は同年三月に完成し、「藩治規約《はんちきやく》」として公布された。

そして久米は新制度のもとで、藩の大史兼神事局大弁務《だいしけんじんじきょくだいべんむ》に任ぜられた。「大史」とは藩政府の文書管理および法制上の諸問題にかかわる、いわば藩庁の官房の書記官である。一八七〇(明治三)年十月には、中央政府の法令「藩制《はんせい》」によって藩の職階が統一されたため、これに基づき久米は佐賀藩権大属《ごんのだいぞく》に任ぜられ、七一(同四)年七月には大属となった。しかし、まもなく廃藩置県となり佐賀藩が消滅すると、久米は、藩主鍋島《なべしま》家に引き続き仕えることとなり、鍋島家の「家扶《かふ》」に任じられた。これは家令《かれい》につぐポストで、華族《かぞく》の家の家政を取り仕切る職務である。

　そして、この間に鍋島家内で持ち上がるのが、藩主鍋島直大《なおひろ》▲の洋行《ようこう》計画である。このとき久米は直大の随行者の一人に予定される。しかし、一八七一年一月に前藩主で直大の父鍋島閑叟《かんそう》が死去したことによってこの計画はいったん頓挫する。廃藩置県後、岩倉具視《いわくらともみ》を特命全権大使《とくめいぜんけんたいし》とする欧米への使節団《しせつだん》派遣が決まると、改めて直大はこの使節団とともに留学生として洋行することとなり、久米自身は大使の随行として使節団のメンバーに抜擢されたのである。

　久米の回想によれば、久米が選ばれたのは主として岩倉の意向によるものであり、それにはいくつかの理由があったようだ。一つは同郷の江藤新平《えとうしんぺい》の推薦である。もう一つは、岩倉具視が久米の名を以前から知っていたという事情である。岩倉は、使節団に「皇漢学者《こうかんがくしゃ》」、すなわち国学者《こくがくしゃ》あるいは漢学者を随行させたいという意向をもっていたところ、鍋島閑叟と旧知の間柄だった岩倉は、優秀な学者であるという久米の評判を閑叟から聞きおよんでおり、江藤の推薦を受けた岩倉は、直大の留学とあわせて久米も洋行させるという決定をくだした、というのである。

　また、これも後年の久米の回想によれば、「皇漢学者」として岩倉使節団に参

▼**鍋島直大**　一八四六〜一九二一。最後の佐賀藩主。一八七一(明治四)年イギリスへ留学、のち外交官となり、イタリア駐在公使などをつとめ、貴族院議員、宮中顧問官《きゅうちゅうこもんかん》などを歴任。

**岩倉使節団**（一八七二〈明治五〉年、アメリカ滞在中に撮影）　左より木戸孝允・山口尚芳《ますか》・岩倉具視・伊藤博文・大久保利通。

加する予定となっていた人物は、当初はほかならぬ重野安繹であったのだという。重野は予想される官等が低いものであったことからこれを断わり、そのかわりに久米に白羽の矢が立ったのだというのである。これが事実とすれば重野と久米の人生はここで重要な交錯をしたことになるが、やや「できすぎ」の感がある話ではある。

　ともかくも、一八七一年十一月五日、久米は太政官権少外史《ごんのしょうがいし》に任ぜられ、特命全権大使欧米視察への随行を命ぜられる。そしてあわただしく準備をすませ、わずか一週間後の十一月十二日、使節団のメンバーとして横浜を出航、岩倉はじめ大久保利通《おおくぼとしみち》・木戸孝允《きどたかよし》ら、当時の政府の首脳部とともにアメリカ、ヨーロッパ各国を巡回する旅をすることになったのである。

　使節団はまず太平洋を横断してアメリカに渡り、鉄道でアメリカ大陸を横ぎって東海岸にでて、ついで大西洋を横断してヨーロッパ各国を巡回、地中海からスエズ運河をとおり、インド洋をへて、セイロン、シンガポール、香港《ホンコン》、上海《シャンハイ》などに立ち寄り、出発から約一年半後の一八七三〈明治六〉年九月十三日、横浜に帰着した。訪問した国は、アメリカ、イギリス、フランス、ベルギー、オランダ、ドイツ、ロシア、デンマーク、スウェーデン、イタリア、オーストリア、スイスの一二カ国におよぶ。

## 『特命全権大使米欧回覧実記』

岩倉使節団は、欧米各国との条約改正交渉を行うことと、各国の視察という二つの使命をおびていたが、大使随員としての久米は外交交渉にはまったく関与していない。久米が関係していたのは後者の各国の状況の視察であり、その公式報告書として、帰国後の久米がまとめあげた書物こそが、今日も彼の名を高からしめている『特命全権大使《たいし》米欧回覧実記《べいおうかいらんじっき》』(一八七八〈明治十一〉年刊行)である。

洋装本全五冊・一〇〇巻からなる同書は、使節団の行程にそって年月日順に、各国の政体や風土をはじめとし、訪問した工場・学校・邸宅・政府機関等々のありさまを、時に数値データをまじえながら、細大もらさず記述した書物である。本文は漢学者の久米らしい流麗な漢文調でつづられ、現地で入手した図版をもとに作成された銅版画も多数挿入されている。西欧から遠く、情報の乏しかった当時の日本の人びとに向けて、可能なかぎり詳細な情報を伝えようとした一種の百科事典であるといえる。

『実記』の編纂過程については、現地でのメモや書籍の翻訳などをもとにしながら、一〇回にわたる原稿の書き直しがなされ、成稿したことが明らかにされている。帰国後の久米は太政官少外史《しょうがいし》、権少史《ごんのしょうし》、少書記官を歴任し、当初は使節団の残務処理を扱う大使事務局、ついで太政官内の文書管理を担当する部署に勤務して、政府法令集『法例彙纂《いさん》』の編纂・出版なども担当しており、『米欧回覧実記』の執筆に専従していたわけではない。むしろ、『米欧回覧実記』は久米が個人的に執筆を開始し、編纂が進んだ段階で太政官の公式記録として刊行されることが決まった（とはいえ純然たる個人著作物として刊行することは不可能だったはずだから、公式報告書として刊行されるという見通しが久米にはあったのだろうが）という経緯が近年の研究では指摘されている。久米の個性が強く刻印された書物となったのも、そうした事情を踏まえれば理解可能である。

『米欧回覧実記』の内容について、ここでは三点を指摘しておこう。

一つは、事実の観察・報告以外に、「論説」として久米自身の考察が挿入され

久米邦武の自筆メモ・ノート

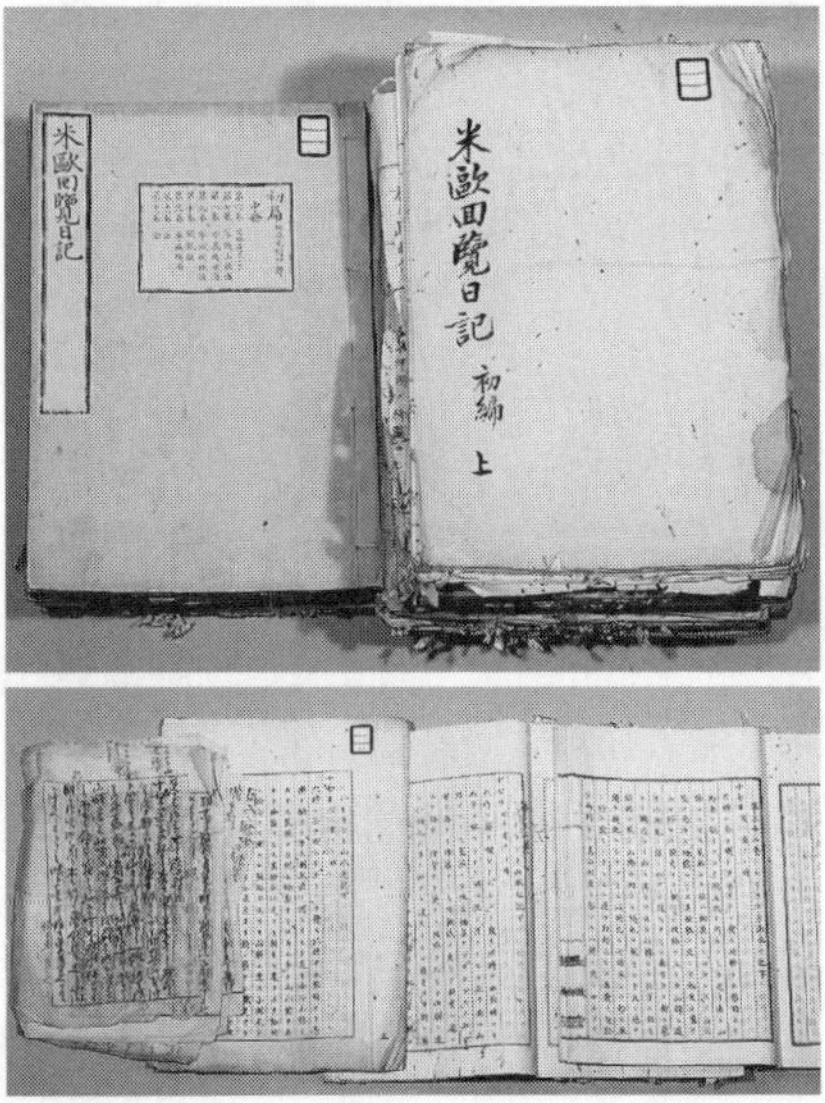

『米欧回覧実記』原稿　当初は「日記」と題されていた。

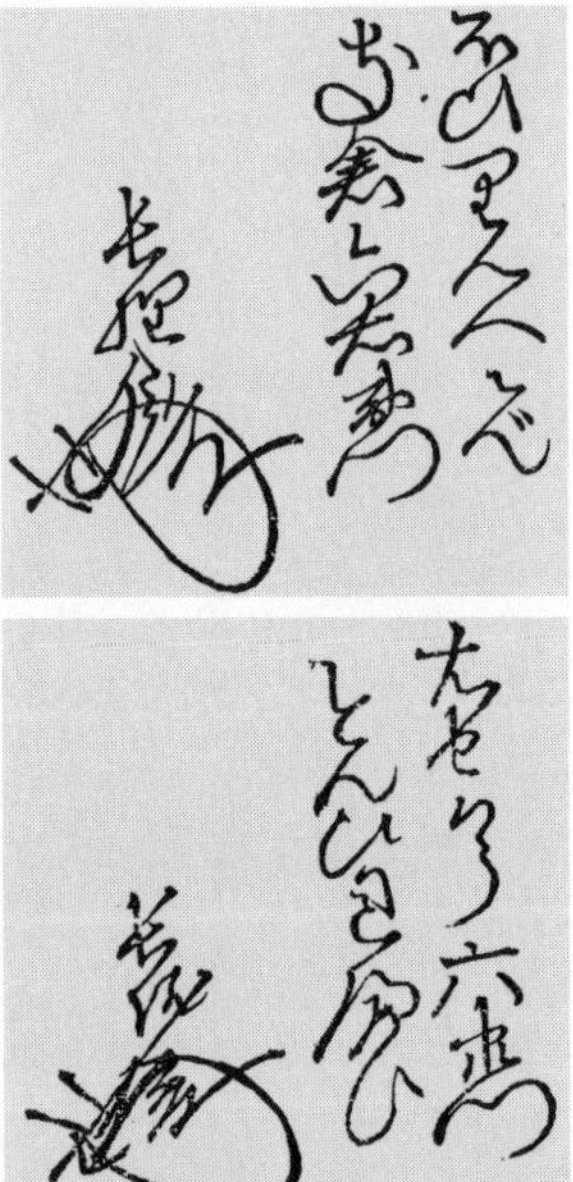

使節団一行がヴェネチアを訪問した際，文書館で閲覧した支倉常長の文書　久米が筆写し，『実記』に掲載された。

『米欧回覧実記』に掲載された銅版画　ブリュッセルのガラス工場。

『特命全権大使米欧回覧実記』刊本

ている点である。この「論説」のなかで、久米は日本と欧米諸国との比較文明論的考察を頻繁に記し、そしてそれを「東洋」と「西洋」の差異としてとらえている。たとえばサンフランシスコで公園のようすをみた久米は、そこから、西洋人は外にでてめぐり遊ぶことを楽しみ、東洋人は室内で遊ぶことを楽しむ、といった気風の相違に説きおよぶ。こうした比較文明論的視座は、のちのちまで久米の思考を特徴づけるものとなる。後年、久米の人生を大きく変えた「神道《しんとう》は祭《さい》天《てん》の古俗《こぞく》」論文における世界史的な視野は、こうした経験なしにはありえなかったであろう。

二つ目は、経済的なものへのまなざしである。久米の父が藩の経済・財政担当の吏僚であり、自身も数字に強かったことはすでに述べた。こうした経済的なものへの関心は『米欧回覧実記』のいたるところにみることができる。たとえば、久米は、公選によって議員を選ぶというヨーロッパの議会制自体が、交易を重んじ、「会社協同の風俗」をもつことから生まれてきたもので、「農耕自活」の生活を送ってきた東洋人にはそれが欠けているのだという。そして現在、世界中が貿易の網の目に結ばれ「貿易交際の世」となったからには、「財産」を重んじ、「富強」をめざさなければならないのだというのである。こうした、市場経済が支配的な世界という久米の同時代観は、のちの歴史家久米の著述にも色濃くみられるものである。

三つ目は、膨大な量の情報を処理する久米の能力である。訪問した施設の一つひとつについて、議会や裁判所ならその運営方式、工場ならその作業工程の細部にいたるまで、『米欧回覧実記』に盛り込まれた情報の量はまことに膨大である。当然、久米の手元にはこれを上回る量の情報が存在していたはずであり、それを取捨選択し、秩序づけて一書にまとめ上げた久米の力量には驚くよりほかない。久米は『米欧回覧実記』編纂の功績を認められ、一八七八年十二月に特別に五〇〇〇円を下賜されているが、刊行の翌年、七九(明治十二)年三月、久米が修史館の三等編修官に任じられたのは、こうした高い編纂能力が買われたゆえと思われる。

## 西洋と出会った漢学者たち

こうして幕末から明治初期の重野と久米の履歴をたどってくると、一二歳違いという差はあるものの、二人はよく似たコースをたどって修史事業にたどり着いたことがわかる。二人はともに漢学者としてスタートし、藩を代表する秀才として江戸に学び、やがて藩主の側近くに仕えることになる。そして重野は戦争と和平交渉の当事者として、久米は政府をあげての大使節団の一員として、直接に西洋諸国と日本の接点に立たされることになるのである。それぞれに西洋との出会いをへた重野と久米は、それぞれの仕事を成し終えたのちに学者としての職務に復帰し、太政官修史館において同僚として働くことになる。

## ③──「抹殺論」の時代

### 明治政府の修史事業

重野と久米がともに仕事をすることになったのは、太政官修史館《だじょうかんしゅうしかん》、すなわち、明治政府の歴史編纂担当部局であった。ここで、彼らの仕事の前提となる明治政府の修史事業について簡単にみておこう。

国家がみずから公的な歴史書を編纂すること、すなわち「正史《せいし》」の編纂は、中国の歴代王朝の伝統であった。中国では王朝が交代すると、前の王朝の歴史を次の王朝が編纂することが伝統化しており、唐《とう》王朝以降になると、次の王朝による正史編纂に備えて、皇帝の行動の記録である「起居注《ききょちゅう》」が日々作成され、皇帝が死去するとその「起居注」をもとに皇帝一代の伝記である「実録《じつろく》」が編纂され、王朝が交代した際にはその「実録」をもとにした正史が編纂された。このようにしてつくられる中国王朝の正史は「紀伝体《きでんたい》」と呼ばれるスタイルをとっていた。これは、皇帝の伝記である「本紀《ほんぎ》」と、主要な人物の伝記である「列伝《れつでん》」の二つを主要部分とする歴史書のスタイルである。

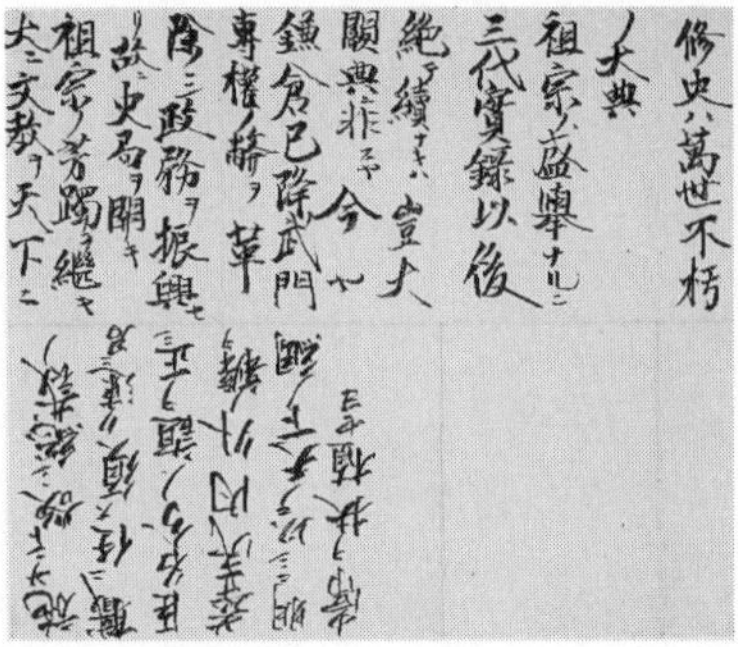

「修史御沙汰書」

▼長松幹　一八三四〜一九〇三。長州藩出身。維新後は太政官に勤務し、歴史課長、修史局長、修史館監事を歴任。とくに歴史課・修史局時代は修史事業の責任者の地位にあり、『復古記』の編纂においい

日本では、中国の制度を取り入れた国家づくりが行われた古代律令《りつりょう》国家の時代に、やはり正史編纂が行われた。『日本書紀《にほんしょき》』に始まり、『続日本紀《しょくにほんぎ》』『日本後紀《こうき》』『続日本後紀』『日本文徳《もんとく》天皇実録』『日本三代《さんだい》実録』と続く六つの歴史書、いわゆる「六国史《りっこくし》」である。「六国史」の編纂は六八一（天武《てんむ》天皇十）年から九〇一（延喜《えんぎ》元）年まで断続的に続けられ、神話《しんわ》に始まり八八七（仁和《にんな》三）年までの事件をカバーしている。ただし、記述のスタイルは中国正史のような紀伝体ではなく、出来事を年月日順に配列する「編年体《へんねんたい》」である。

しかし日本においては、律令国家の変質とともに、国家による正史編纂事業は中絶してしまう。ふたたびそれが取り上げられるのが、一八六九（明治二）年の、明治天皇の御沙汰書《ごさたしょ》（「修史御沙汰書」）による命令によってである。御沙汰書は、かつて天皇が有していた政治の実権が武士に奪われるに従い、本来国家が行うべきであった正史編纂事業が中絶してしまったことをなげき、「六国史」以降の欠落を埋める歴史書の編纂を命じたものである。「王政復古《おうせいふっこ》」をめざした明治政府は、古代律令国家において行われていた正史編纂事業も「復古」させることが望ましいと考えたのである。

て中心的役割を果たした。一八八四(明治十七)年、修史館を離れ元老院議官となる。

▼**川田剛**　一八三〇〜九六。漢学者、漢詩人。号は甕江《おうこう》。江戸で藤森天山《ふじもりてんざん》の塾に学び、備中松山藩主板倉《いたくら》氏に仕える。修史局、修史館に勤務したのち、一八八一(明治十四)年から宮内省に勤務、幕末の志士《しし》の伝記集『殉難録稿《じゅんなんろくこう》』などの編纂にあたり、一時期、東京大学教授をかねた。また歴史百科事典『古事類苑《こじるいえん》』の編纂にも参加。一八九〇(明治二十三)年貴族院議員。

**長松幹**

「修史御沙汰書」に基づき一八六九年三月、「史料編輯《へんしゅう》国史校正局」が設置され、六国史に続く正史編纂事業が開始された。ところが早くもその年の十二月にはこの事業は中止されてしまい、明治政府による正史編纂はいったん頓挫することになる。その理由は明らかではないが、当時これを担当する部署がおかれていた高等教育機関「大学《だいがく》」の内部における国学《こくがく》派・漢学《かんがく》派の対立に巻き込まれたのではないかといわれている。

こうして頓挫した正史編纂事業であったが、一八七二(明治五)年から七三(同六)年にかけて、二つの組織でこの事業を再開させようとする動きがでてくる。

一つは太政官正院《せいいん》において、明治維新《いしん》の歴史を編纂しようとする、いわば同時代史編纂の動きであり、この中心には長州藩出身の長松幹《ながまつかさ》▲という人物がいた。この長松を課長として、一八七二年十月、太政官正院に歴史課が設置される。歴史課が担当した同時代史編纂は、のちに『復古記《ふっこき》』として結実する。

もう一つの組織は文部省である。文部省は一八七三年、川田剛《かわだたけし》▲という漢学者に歴史編纂の業務を委託した。川田は備中松山藩《びっちゅうまつやまはん》出身、重野同様当時すでに高名な学者であった。川田の編纂事業は室町《むろまち》時代から江戸《えど》時代までを対象と

**川田剛**

▼**小河一敏**　一八一三〜八六。豊後岡《ぶんごおか》藩出身。幕末に京都で尊皇攘夷家として活動。維新後は堺《さかい》県知事となったが、越権行為があったとして免官。のち宮内省、太政官修史局などに勤務。『王政復古義挙録《ぎきょろく》』の著作がある。

した歴史書編纂の計画であり、川田は自宅で助手をおいてこの仕事にあたっていた。

この二つの編纂事業は、一八七四(明治七)年七月、文部省の提案で、川田の編纂事業を正院歴史課に移管し、川田および助手も歴史課に移籍することで一本化される。そして翌一八七五(明治八)年四月十四日、歴史課は修史局に改組され、人員も約八〇人の規模に拡大される。重野が歴史編纂に加わるのはこの改組の際であり、長松が局長、重野が副長に任命された。

修史局では四部門に分かれた編纂体制がとられ、室町時代から江戸時代の初めまでを川田、江戸時代を重野、明治維新史を長松がそれぞれ責任者として担当し、南北朝《なんぼくちょう》時代以前の史料収集を小河一敏《おごうかずとし》▲という国学者が担当した。室町時代が編纂の起点とされているのは、江戸時代に水戸《みと》徳川《とくがわ》家が編纂した『大日《だいに》本史《ほんし》』が存在するからである。『大日本史』は南北朝時代の終りまでをカバーする歴史書であったため、『大日本史』を一応正史とみなし、それに続く時期の歴史編纂が修史局の課題とされたわけである。

しかし、拡大された修史局は一八七七(明治十)年一月には再度縮小され、修史館と改称される。この背景には、地租改正《ちそかいせい》に対する民衆の反発を緩和するため、政府が地租の率を三%から二・五%にさげたことがある。この減税によって、財政支出を切り詰めるための政府の行政機構の整理が必要となり、修史局もその対象となったのである。修史館では重野は一等編修官に任ぜられた。この改組の際に小河一敏は宮内省に移り、修史館の中心人物は川田、重野、長松の三人となった。一八七九(明治十二)年、久米邦武が三等編修官に任命されたのはこの修史館であり、久米は重野の部下に配属された。

## 川田剛の追放と「大日本編年史」

ところがここで修史館の内紛が発生する。修史館をリードする二人の学者、重野と川田剛の主導権争いである。

川田の友人で、部下でもあった漢学者依田学海《よだがっかい》(百川《ももかわ》)の日記、『学海日録《にちろく》』によれば、その発端は、一八七八(明治十一)年の十一月、かつて岩倉具視《いわくらともみ》の側近であった玉松操《たままつみさお》▲の墓碑の碑文の執筆を川田が引き受けたのに対し、重野が介入して川田が書いた文章を改変したという事件であった。この件は岩倉が両者

▼**玉松操**　一八一〇〜七二。国学者。岩倉具視の側近となり、いわゆる王政復古の大号令《だいごうれい》の草案を執筆したと伝えられる。

**修史館内の対立**(「学海先生一代記」)　のちに依田学海が回想したもの。左側の椅子に座るのが川田、左に立つのが依田、右に立つのが三浦。

の意見を聞いて、結局当該部分を削除するという形に落ち着くが、川田と重野の対立はその後も続く。一八七九(明治十二)年五月五日、川田は依田に、修史館監事の三浦安《みうらやすし》と重野のために不愉快なことが多く、退職を希望していると述べている。依田と川田は重野を「腹黒」、三浦を「えせもの」と呼んでおり、このころ重野派と川田派の対立が根深いものになっていたことをうかがわせる。前に述べたとおり、三浦安は重野の昌平坂学問所《しょうへいざかがくもんじょ》以来の友人である。

そして、翌一八八〇(明治十三)年九月、重野の提案で修史館の改組計画が浮上する。これまで修史館の事業は、歴史書そのものの執筆には着手しておらず、それぞれの時代別に文献を集め、それを年月日順に編成する作業が中心となっていた。この改組計画は、歴史書の執筆にあたる部署と、その材料となる年月日順の史料集を編成する部署を分離して、いよいよ本来の目的である日本の正史を書きはじめる体制を整えようとするものであった。この提案を受けて依田は改組案を作成し、川田もこれに同意したのであるが、十一月六日に依田が三浦と協議したところ、三浦は、史書の執筆にとりかかるとすれば文筆家として名のある重野・川田のうちいずれかがこれにあたるよりほかないが、総括者が二人というのは不都合なのでどちらかがほかに転出させられる可能性もあると依田に示唆した。依田は実はこの改組計画は川田追放のための重野の陰謀であった、と怒りを燃やしている。そして、この改組は一八八一(明治十四)年十二月に実行に移され、はたして依田の予測どおり、改組に先立って川田・依田は修史館から転勤させられることになるのである。なお、依田学海は当初、久米邦武も異動になると予想していたが、実際には久米は留任し、重野主導の修史事業の有力な担い手の一人となる。

以上は川田派である依田学海からみた事件の経過であるが、重野の部下であった久米邦武は、重野と川田の対立点は、歴史書の執筆の即時開始を主張する重野に対し、川田は史料集の編纂を重視して、執筆の開始を時期尚早としたことにあったと後年の回想に記している。のちに述べるとおり、重野がこの時期、単に歴史的事実を集めることではなく、「歴史書を書くこと」に強い関心を示していたのは事実である。総合して考えると、対立の根本には、日本の正史の執筆者にはどちらがふさわしいかという重野と川田という二人の学者・文筆家のプライドをかけた主導権争いがあり、川田が執筆開始の延期という消極的な策にでたのに対し、重野は川田の追放という強硬策によって正史執筆の責任者としての地位を独占しようとしたというのが真相ではないかと思われる。

かくして修史館の主導権を握った重野安繹は、いよいよ日本の正史たるべき「大日本編年史」の執筆に着手する。

一八八二(明治十五)年に編纂が開始された「大日本編年史」は、漢文で記され、編年体を基本とする歴史書で、それにテーマ別の分野史がつくという構成をとっていた。編年体の本体は後醍醐《ごだいご》天皇の即位から、一八六七(慶応《けいおう》三)年の王政復古までをカバーするものとして計画されていた。さきにみたとおり、当初の計画では、南北朝時代が終る一三九二(明徳《めいとく》三)年、すなわち『大日本史』が筆を擱《お》いた時点から始めるという構想であったのを、このときに開始時点をさかのぼらせ、南北朝時代に関しては『大日本史』と重複して編纂するという方針に変更したのである。これは久米邦武の提案で、南北朝時代に関しては『大日本史』の記述が信頼できないという主張に基づくものであった。

帝国大学への修史事業移管を挟み、一八九三(明治二十六)年まで一〇年以上続けられた「大日本編年史」編纂の作業は、記述の対象となる約五五〇年間を、時代ごとに久米邦武・藤野正啓《ふじのまさひら》・伊地知貞馨《いじちさだか》▲・星野恒《ほしのひさし》▲という四人の責任者が分担して担当した。そして重野はその四人の上に立って作業全体を統括したのである。原稿が作成されたのは、全体の約七割にあたる約三二〇年分で、断続的に江戸時代の初頭までの原稿が残されている。

## 史料の収集

一八八五(明治十八)年、修史館は、「大日本編年史」編纂のために、全国へ館員を出張させ、現地で史料を探索し、写本を作成する事業を開始した。同年六月、修史館が内閣に提出した上申書《じょうしんしょ》は次のように述べている。修史事業には「根拠」となるべき材料と、「参考」にすべき材料との二種類がある。「根拠」となるもの、つまり歴史を書くうえでより確実な材料は、同時代に作成された古文書・日記の類であり、軍記物語の類は「参考」に供すべきものにすぎない。しかし古文書・日記の類は探しだすのが困難であり、これまでの歴史家はみな物語の類に依存してきた。従来、修史館は、地方の社寺や旧家に古文書の有無を問い合わせたが十分な協力がえられなかった。そこで館員を直接現地に派遣し、

▼**伊地知貞馨**　一八二六〜八七。薩摩藩出身。旧名堀仲左衛門《ほりなかざえもん》。廃藩置県後は外務省に勤務し、琉球《りゅうきゅう》問題を担当。『沖縄志』の著作がある。一八八一(明治十四)年修史館に転じ、在職のまま死去。

▼**星野恒**　一八三九〜一九一七。越後《えちご》国の農家に生まれ、江戸で漢学を学ぶ。修史局、修史館をへて、帝国大学文科大学教授。史誌編纂掛廃止後も残務取扱として帝国大学に残り、史料編纂掛設置と同時に史料編纂委員となった。

**星野恒**

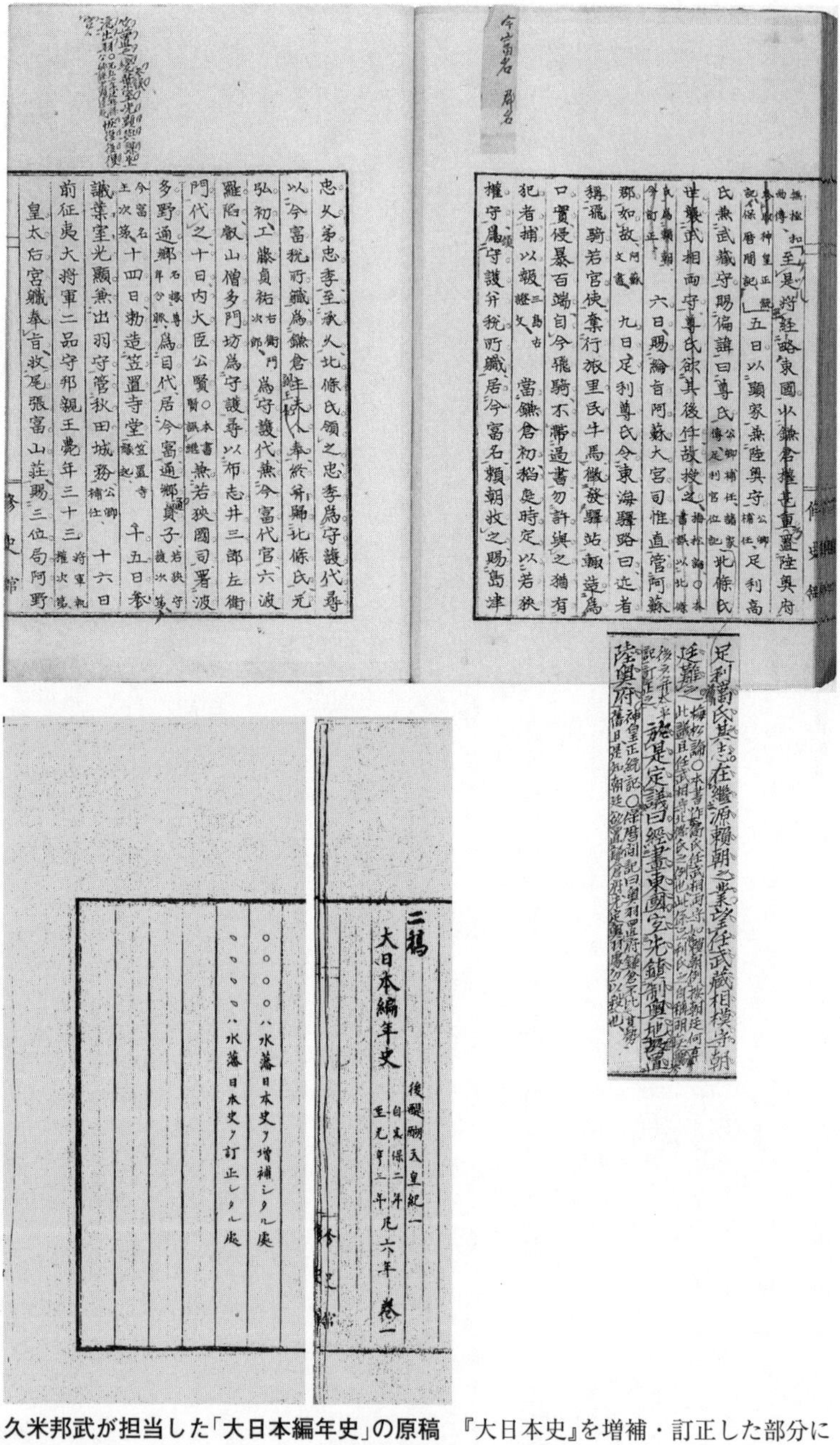


**久米邦武が担当した「大日本編年史」の原稿**　『大日本史』を増補・訂正した部分には朱で傍点がつけられている。付箋は久米によるもの。

二等編修官久米邦武 編修

大日本編年史

後小松天皇紀上
自明徳三年閏十月
至應永五年 凡六年三ヶ月

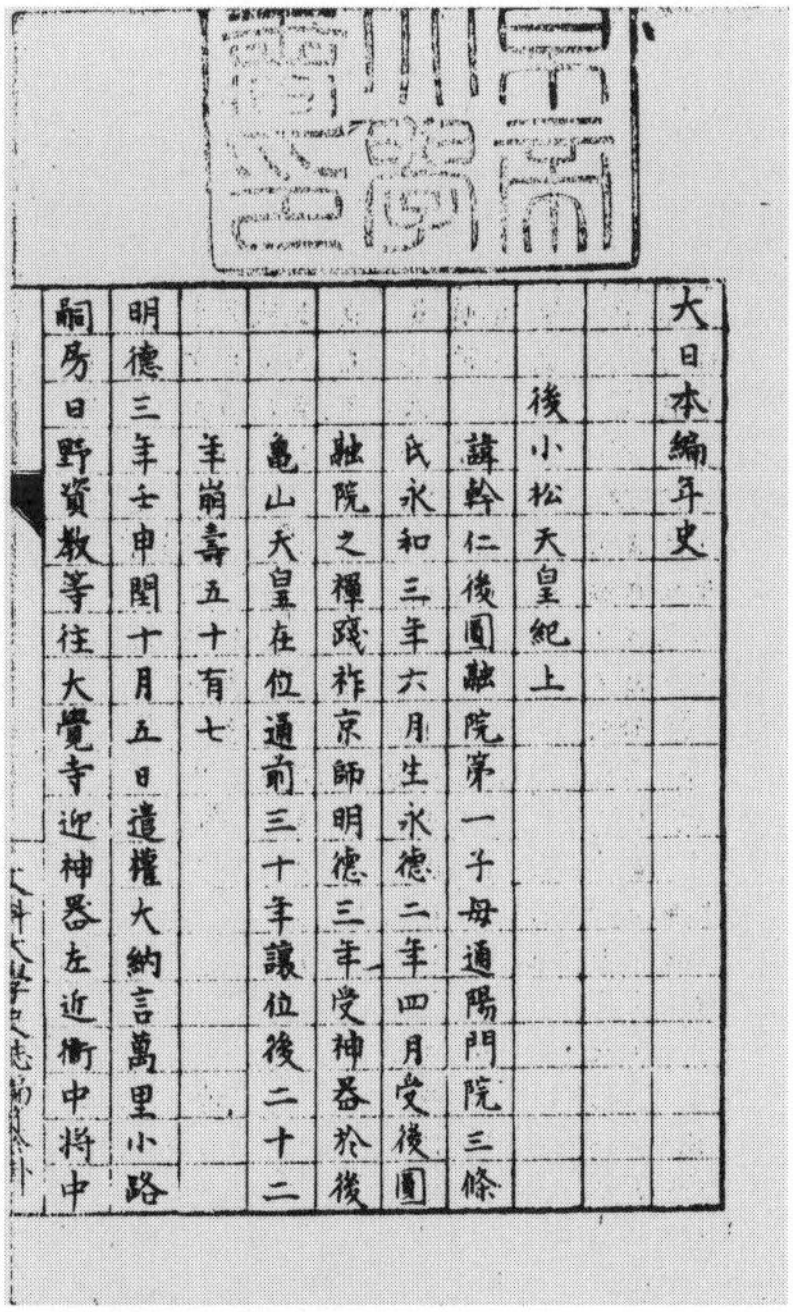
大日本編年史
後小松天皇紀上
諱幹仁後圓融院第一子母通陽門院三條
氏永和三年六月生永徳二年四月受後圓
融院之禪踐祚京師明徳三年受神器於後
亀山天皇在位通前三十年讓位後二十二
年崩壽五十有七
明徳三年壬申閏十月五日遣權大納言萬里小路
嗣房日野資教等往大覺寺迎神器左近衛中將中

「大日本編年史」清書本

現地で探索を行う必要がある、というのである。

この計画は認められ、この年の七月、まず皮切りとして、関東六県に史料調査団が派遣されることになった。調査団を率いたのは、編修副長官であった重野自身である。

一行は七月十八日に東京を出発、まず茨城県へ向かい、水戸で調査を行い、ついで栃木、群馬、埼玉、神奈川、千葉を巡回、十月六日に東京に戻った。重野が帰京後提出した報告書によれば、発見した史料の総数は、文書が八〇八九通、書籍七六七部、系図五八種。必要なものは借用して修史館に送付し、写本の作成が行われた。

短期間でこれだけの成果をあげることができたのは、修史館の史料調査が国家事業であり、地方の行政機構を調査に動員することができたからである。このときの調査日誌「関東六県古文書採訪日記」からは、重野らが、いく先々で、県の官員や郡長《ぐんちょう》▲・戸長《こちょう》▲らに史料の所在を問い合わせたり、借用史料の郵送を依頼したりしているようすが読みとれる。史料をみせることをしぶる所蔵者に対しては「説諭」を加え、半強制的に史料をださせたりもしている。のちに東京

▼**郡長**　一八七八(明治十一)年に「郡《ぐん》区《く》町《ちょう》村《そん》編《へん》制《せい》法《ほう》」によっておかれた行政区画である郡の長。

▼**戸長**　明治前半期に、江戸時代の村役人を引き継ぎ、区や町村などの末端の行政区画の長としておかれた役職。町村長の前身。

▼辻善之助　一八七七〜一九五五。歴史学者。東京帝国大学文科大学国史科卒。史料編纂官、東京帝国大学教授、史料編纂掛事務主任を歴任し、一九二九(昭和四)年、史料編纂掛の史料編纂所への改組にともない、初代所長に就任。

帝国大学の史料編纂所長をつとめた辻善之助《つじぜんのすけ》▲は、重野が千葉県のある郡に赴いた際、郡長が郡境まで出迎えにこなかったというので重野が激怒し、「けしからぬ奴だ、そんな処へは寄ってやらぬ」と、日程を変更して別の場所へいってしまったというエピソードを伝えている。重野たちの調査は、そうした「官の権威」を背景にしての調査であった。なお、重野は一八八八(明治二十一)年には兵庫・和歌山・徳島・高知・愛媛の五県の史料調査も担当している。

一方、久米邦武は、一八八七(明治二十)年七月から十二月にかけて行われた九州七県の史料調査を率いた。この出張の最中、重野から久米に宛てて書かれた一通の手紙が残されている(次ページ写真参照)。このなかで、重野は、旧主である島津《しまづ》家に対し、当時鹿児島で保存されていた島津家文書《もんじょ》の閲覧を、出張中の久米に許可するよう求めたが、島津家がこれに難色を示しているという顚末を記している。帰京後に久米が提出した報告書によると、文書の閲覧は一部実現したようだが、ちょうど島津久光の死去という島津家にとっての一大事が発生したこともあって、途中で調査を断念したという。修史館の威光も、旧薩摩藩主島津家に対しては通じなかったのである。

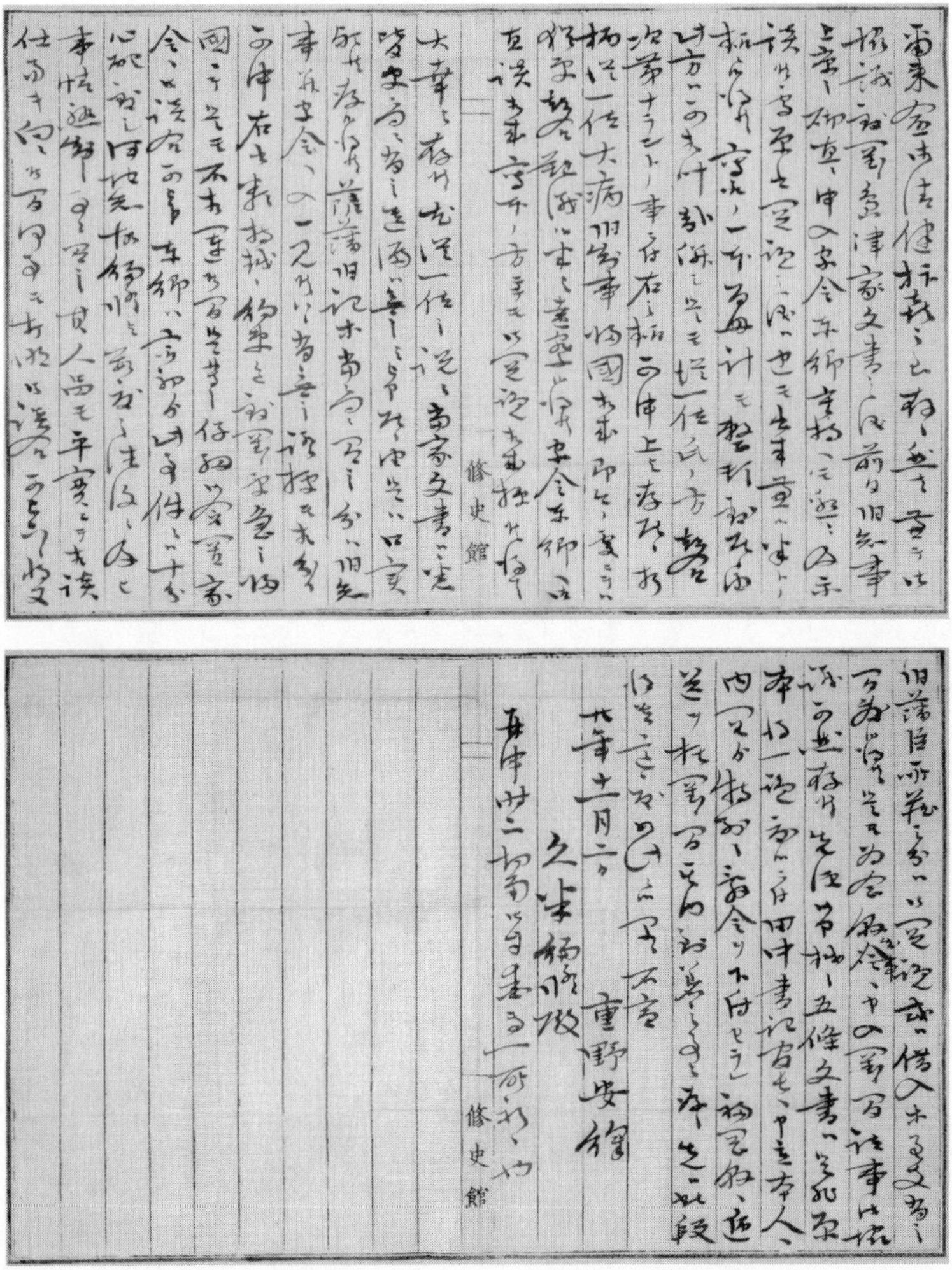

重野安繹が九州出張中の久米に宛ててだした書簡(1887〈明治20〉年11月 2 日付)

ともあれ、こうした調査によって、一八八八年までに収集した古文書の総数は約六万七〇〇〇通、書籍約七八〇〇冊におよんだ。

## 内閣から大学へ

こうした膨大な一次史料の収集とそれに基づく歴史書の執筆は、江戸時代の歴史書の編纂の水準をはるかに超えるものであった。「大日本編年史」の編纂は、こうして、古文書を中心とした一次史料に基づく歴史の記述という、日本の実証的歴史研究の出発点となった。しかしその結果、「大日本編年史」の執筆は、原稿をつくってはあらたに集めた材料によってそれを修正することの繰返しとなってしまい、それは「大日本編年史」が結局未完に終る一因ともなったのである。

もう一つ、「大日本編年史」がかかえていた問題として執筆される文体の問題があった。重野をはじめとする修史館のメンバーは、漢字のみで記述される漢文によって「大日本編年史」を書くという選択をした。しかし、この点には修史館の外からは批判がよせられることになる。なぜ日本の歴史書を外国語である漢文で書かなければならないのか、また漢文で書けば読者は限定されてしまうのだから、和文で書くべきではないのか、という批判である。

これに対する修史館側の言い分として、一八八二〜八三(明治十五〜十六)年ごろに執筆されたと思われる「修史文体論」という文書が残されている。執筆者は不明であるが、引用されている史料が主として久米邦武の担当する時代の史料であることから、久米が執筆した可能性が高い。この文書によれば、「大日本編年史」の文体として漢文を採用したのは、そもそも当時書き言葉として使用されている言語は、実際には漢文に仮名をまぜて書いている文体であり、本当の和文ではないからであって、和文のほうがわかりやすいというのは誤解にすぎない。「修史文体論」はここで、あたかも読み手の能力をためすかのように、室町時代の仮名書きの難解な和文史料をわざわざ大量に引用し、純然たる和文が漢文よりはるかに読みにくいことを力説している(こうした読み手を挑発する書きぶりはのちにふれるように久米の文章の特徴でもある)。そのうえでこの文書は、漢文の格調高さ、簡潔さなどから漢文の使用が適当と結論づけるのであるが、重野以下、主として漢学者によって構成される修史館メンバーにしてみればそれが当然であったにしても、外部の人びとに対しては十分な説得力をもったとはいいがたい。

さて、こうした問題をかかえつつも修史館による「大日本編年史」編纂事業は進行した。そして修史館は一八八六(明治十九)年、内閣制度の施行にともない内閣臨時修史局と改称され、ついで八八(同二十一)年、帝国大学に移管されて、臨時編年史編纂掛と改称された。一八九一(明治二十四)年には史誌編纂掛と改称される。

これまで、太政官から内閣へと、政府の直轄事業であった修史事業が大学に移管されたのは、帝国大学に日本の歴史を研究する学科としての国史科を設立する計画と関連していた。大学における日本史教育のために、修史部局が蓄積してきた史料とメンバーを、帝国大学に移して活用することがその目的だったのである。

一八八八年十一月、重野安繹は帝国大学臨時編年史編纂掛の臨時編年史編纂委員長となり、これにさきだち久米邦武は星野恒とともに臨時編年史編纂委員に任ぜられた。そして、この三人は帝国大学文科大学教授を兼任し、「大日本編年史」編纂のかたわら、一八八九（明治二十二）年に設置された帝国大学文科大学国史科で教育にもあたることになったのである。同年には、文科大学史学科のドイツ人お雇い教師であったルートヴィヒ＝リースの提唱で、日本初の歴史学の学会である史学会が設立され、重野はその会長に就任した。

## モデルとしての西洋史書

こうして修史事業に従事するなかで、重野と久米はそれぞれに歴史についての知見を深めていく。そして、その知見を国家事業である正史編纂にいかすばかりではなく、公衆に発表していくようになるのである。

重野が公にした最初の歴史論は、一八七九（明治十二）年の東京学士会院での講演「国史編纂の方法を論ず」である。

この講演での重野の関心は、歴史書というものはいかに書かれるべきか、という点にある。そうした観点から、重野は、今日まで日本に「正史」と呼ぶべきものは存在していないと批判する。まず、古代の「六国史」は、事実の羅列にすぎず、歴史書の体裁をなしていない。一方、中世以降の軍記《ぐんき》物語の類は、逆に

**ルートヴィヒ＝リース**

**▼ルートヴィヒ＝リース**　一八六一〜一九二八。ドイツ、プロイセンのドイッチュ・クローネ生まれ。ベルリン大学で歴史学を学び、一八八七（明治二十）年来日、帝国大学文科大学教師として、史学科の草創期を支える。一九〇二（明治三十五）年離日。帰国後はベルリン大学講師、員外教授。

**▼軍記物語**　鎌倉・室町時代の文学の一ジャンル。武士の戦闘を中心に描く『保元《ほうげん》物語』『平治《へいじ》物語』『平家《へいけ》物語』『太平記』などが代表的。

物語性に傾斜しすぎ、事実でないことが多く記載されている。その中間の本当の歴史書が日本には存在しない。そこで重野は、モデルとして西洋の歴史書をあげる。重野自身は外国語は読めないから、翻訳でいくつかの歴史書を読んだ経験に基づき、西洋の歴史書は、中国の歴史書の分類でいえば、編年体・記事《きじ》本末体《ほんまつたい》▲・紀伝体をミックスしたような体裁で、時系列順の記述であっても、因果関係の把握を失わず、また著者の見解が差し挟まれて読者の思考をうながすように書かれており、冒頭に人種・地理・風俗などの国土の解説がはいるのも有用であると重野は述べる。

この講演にも明らかなとおり、重野がこの時点でモデルとしているのは、六国史でも中国の正史でもなく、西洋の歴史書だということは注目に値する。すでに幕末の時点で、西洋との接触の最前線に立った経験をもつ重野は、単なる旧時代の漢学者としてこの事業を担当していたわけではなかったのである。

こうした発想に基づき、一八七八(明治十一)年二月、修史館は、イギリス公使館に派遣される予定の外交官末松謙澄《すえまつけんちょう》▲に対して、その本務の余暇にイギリス・フランスにおける歴史編纂の方法について研究することを命じるよう、内

▼**記事本末体**　中国における伝統的な歴史書の編成の一つで、年代の順序にかかわらず、一つの事件ごとにその顛末を記す方法。

▼**末松謙澄**　一八五五〜一九二〇。官僚・政治家、伊藤博文《いとうひろぶみ》の女婿。ジャーナリストとして出発し、伊藤博文に抜擢されて官僚となり、一八七八(明治十一)年駐英日本公使館一等書記生見習となって渡欧。帰国後は内務省県治局長などをへて衆議院議員、貴族院議員、内務大臣などを歴任。滞英中に『源氏《げんじ》物語』を英訳したり、帰国後は長州藩の維新史である『防長回天史《ぼうちょうかいてんし》』の編纂にかかわるなど、文化人でもあった。

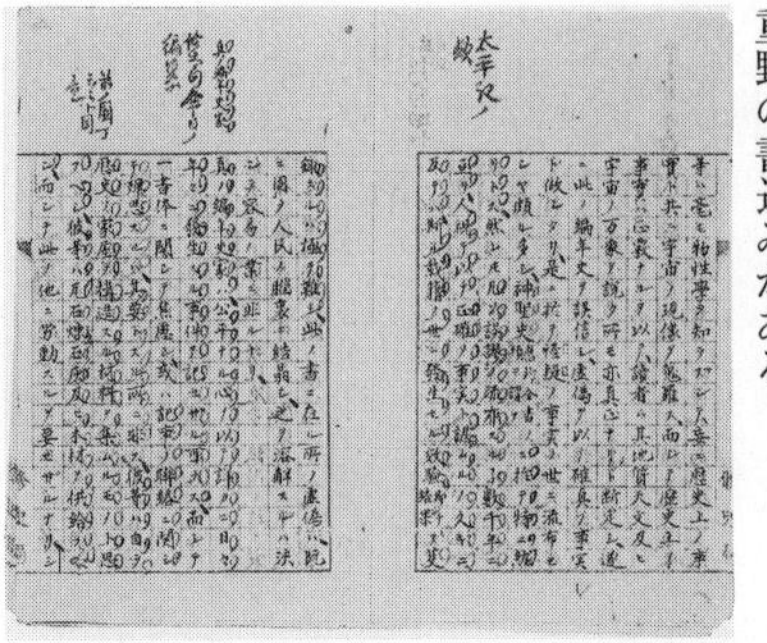

**ゼルフィー著『史学』訳本**　上部に重野の書込みがある。

閣に上申する。この構想は実現し、ロンドンに渡った末松は、そこで出会った亡命ハンガリー人ゼルフィーに、歴史研究についての著作の執筆を依頼する。この依頼に基づいて、ゼルフィーは、一八七九年『歴史の科学』(*The Science of History*)と題する書物を書き上げた。この本は日本政府の費用で印刷され、日本へともたらされた。英語で書かれた同書の翻訳は、当初重野の昌平黌時代の旧友である洋学者中村正直《なかむらまさなお》に委ねられたが、「史学」という書名で進められた中村の翻訳は途中で中断し、一八八七(明治二十)年になって改めて別の人物に委嘱しなおして翻訳が完成している。

英文で全七七三ページ、古代ギリシアから十九世紀までのヨーロッパ史学史を、歴史哲学的な見地から論じたこの書物を、翻訳を通じても重野が読破したのか否かは定かではない。ただし、重野が残した文書のなかに、重野が書込みをした翻訳原稿が残されているから、少なくとも中村正直が翻訳にあたっていた段階では重野がこれを読んでいたことはまちがいない。

## 考証と抹殺

ところが、実際に歴史編纂事業が進展していくと、重野の歴史論の重点のおき方は変化をみせる。「国史編纂の方法を論ず」にみられたような、事実の羅列による歴史書の無味乾燥さと、荒唐無稽な興味本位の歴史書の両方を批判する、という態度のうち、後者に対する批判のみが正面にでてくるようになり、旧来の歴史書の誤謬を指摘し、正確な事実を解明することに力点がおかれるようになってくるのである。これは実際に史料を集めて調べてみると、これまでの歴史書の誤りが続々みつかってきたからということによると思われる。重野・川田の対立が「歴史書の書き手」としての地位をめぐる抗争であったことに示されるように、重野の本来の意図は「歴史書を書くこと」にあった。ところが、「大日本編年史」というプロジェクトへの参加を通じ、重野は、叙述に先立つ「事実を明らかにすること」の重要性を認識したのである。すなわち、「叙述」重視から「考証」重視へのスタンスの変化である。今日、重野については、中国の儒学《じゅがく》の一流派である「清朝《しんちょう》考証学▲」の影響を受けて、当初から「考証学者」であったかのような評価がなされることがあるが、こうした理解は正確ではない。幕末《ばくまつ》

▼**清朝考証学**　中国の清朝において発展した儒学の一学派。儒学の書物を文献学的に研究することに主眼をおく。

▼『太平記』　南北朝の動乱を描いた軍記物語。十四世紀後半に成立したと考えられている。



に清朝考証学の影響が皆無ではなかったとしても、重野は、明治になってから、「大日本編年史」の編纂を通じて、「考証」の意義を発見したのである。

こうして重野は、一八八四(明治十七)年の講演「世上流布の史伝多く事実を誤るの説」のなかでは、国家が「正史」を編纂する目的を、民間で流布しているあやまった事実を含む歴史書を一掃し、正しい事実を記載した歴史書を編纂することに求めるようになっていく。そして、重野の批判はさらに進み、なぜこのような誤謬を含む歴史書が多いのか、という点に向かう。たとえば、『大日本史』の南北朝の部分に誤りが多い理由を、「大日本史を論じ歴史の体裁に及ぶ」(一八八六〈明治十九〉年)のなかで、『大日本史』が南朝正統説を主張するあまり、南朝よりの史料、とりわけ軍記物語である『太平記《たいへいき》』▲を多く用いたためであると指摘する。歴史の書き手の立場が事実をゆがめてしまう危険性がある以上、歴史家は「愛憎《あいぞう》」の心をもってはいけない、と重野は主張する。

こうした立論の延長線上に行われたのが、一八八九(明治二十二)年、史学会会長就任の際の講演「史学に従事する者は其心至公至平ならざるべからず」である(扉写真参照)。参集した聴衆に対し、重野は、歴史家として「公平」であることを求め、「偏見」や「私意」をすてることを呼びかける。そしてそのために「歴史」と「名教《めいきょう》」を分離すること、すなわち歴史研究と道徳を分離することが必要である、と重野は宣言するのである。

　重野自身の「公平」な立場からする歴史研究として著名なものは、『太平記』で南朝側の中心として活躍する児島高徳《こじまたかのり》▲をめぐる見解である。重野は児島高徳が『太平記』以外の古文書・日記などにあらわれないこと、『太平記』の作者が「小島法師」なる人物であることが別の日記に記録されていることから、児島高徳とは、『太平記』の作者が自身をモデルに創作した架空の人物と断定したのである。この見解は重野個人の見解というよりは、修史館における「大日本編年史」編纂のなかで明らかになった事実を重野が公の場で発表したという性格のものであったようだが、ともかくも重野が児島高徳を歴史上から「抹殺」したことは話題となった。重野は児島高徳以外にも、『太平記』に記される、楠木正成《くすのきまさしげ》が湊川《みなとがわ》の合戦《かっせん》に赴く前に死を覚悟して子の正行《まさつら》と別れを交わしたといういわゆる「桜井の別れ」の場面も、実際には楠木正成が死を覚悟するような状況ではなかったので史実ではないと否定したり、日蓮《にちれん》が鎌倉幕府《かまくらばくふ》にとらえられて処刑さ

▼**児島高徳**　『太平記』に登場する備前《びぜん》出身の南北朝時代の武将で、後醍醐天皇のために奮戦したとされる。重野安繹によってその実在を否定されたが、のちに田中義《たなかよし》成《なり》・八代国治《やしろくにじ》らによって実在説も主張された。

れる直前に奇跡が起きて助命されたといういわゆる「竜《たつ》の口《くち》の法難《ほうなん》」の存在を否定したり、さまざまな伝説を歴史的事実ではないと断定していった。こうした多くの「抹殺論」の発表によって、やがて重野は新聞などで「抹殺博士」なるあだ名で呼ばれるようになる。

「抹殺論」には反発も強かった。そのなかで興味深いのは、かつてのライバル川田剛との論争である。

一八九〇（明治二十三）年、川田は、東京学士会院の講演で、川田自身の過去の著作『外史弁誤《がいしべんご》』を自己批判する形をとって、重野の一連の抹殺論を批判した。川田は、同時代の文書や記録に記されている内容が、そのまま過去の事実を示しているわけではない、と指摘する。たとえば、桜田門外の変で、大老《たいろう》井《い》伊《い》直《なお》弼《すけ》が、実際には三月三日に殺害されているにもかかわらず、幕府への届書では負傷して帰邸後に死去したことになっているといった場合である。こうしたことを考慮すると、断片的な古文書や記録によって英雄、豪傑、忠臣、義士の美談を抹殺することは危険であり、むしろ、かつてみずからが批判した頼山陽《らいさんよう》▲の『日本外史』▲が、不正確な記述を含みながらも、「大義名分」を明らかにすること

▼**頼山陽**　一七八〇〜一八三二。近世後期の儒学者。

▼**『日本外史』**　頼山陽が執筆した歴史書。一八二七（文政十）年脱稿、山陽没後に出版された。幕末・維新期に広範に読まれた。

によって、明治維新の志士たちの精神を鼓舞した功績が評価されるべきである、と主張する。

重野はこれにすばやく反論した(「川田博士外史弁誤の説を聞て」)。重野はあくまで、詮索の過剰ではなく不足によって、事実ではないことが事実として信じられていることが問題なのだと自説を繰り返す。重野はいう。歴史とは「世の形行《なりゆき》」を書くものである。悪人もよい行いをすることはあるし、善人が悪い行いをすることもある。これを完全な悪人と善人に分け、極端な善悪を描いて勧《かん》善懲悪《ぜんちょうあく》の目的に用いるのは芝居や浄瑠璃《じょうるり》の世界である。もし歴史書もそうでなければならないとするならば、歴史小説や民間の粗悪な歴史書で十分であって、史実のみを記す「正史」は必要ない。

ここで問われているのは、一次史料を用いて正確な歴史を書くことの社会的有用性の問題である。川田は不正確な物語でも、国家に対する道徳的規範を提供しうるのであれば、あえて正確さをめざす目的はどこにあるのか、と言外に問うている。それに対する重野の反論は、単に事実解明の重要性を説くにとどまっている。

重野は、前にふれた「大日本史を論じ歴史の体裁に及ぶ」のなかで、歴史と道徳の関係を、「実に拠り直書すれば、人をして鑑戒《かんかい》せしめ、自然に名教を維持する」、つまり、事実をそのまま書けば、自然と善悪を知る材料になる、と述べている。重野は、歴史研究を道徳的先入観から切り離せ、とは主張しながらも、歴史研究が道徳的善悪を知るという目的から切り離せる、とは主張しないのである。

実は、こうした表現は『大日本史』にもみられるし、さらにさかのぼれば朱子学《しゅしがく》の祖朱熹《しゅき》▲も同様のことをいっている。江戸時代の儒学者にはありふれた表現だった。むしろ重野による「抹殺」の進行によって、そうした考え方に矛盾があるという新しい問題に気がついたのは川田のほうだったのだ。事実でなくても道徳を知る材料になるものはいくらでもあるではないか、むしろ事実のほうが道徳の材料としては不適切なのではないか、という批判に重野は有効な解答を返すことができないのである。

▼**朱熹**　一一三〇〜一二〇〇。中国、南宋の思想家。

## 道徳と利益

この点において、重野とは異なる認識に基づいて、史実を明らかにする歴史研究の社会的有用性を説いたのが久米邦武であった。

久米は「大日本編年史」の編纂においては南北朝・室町時代を担当していたが、一八八九(明治二十二)年に史学会の機関誌として『史学会雑誌』が発行されると、たびたびこれに寄稿して、編纂の過程でえた知見を公衆に問うた。そして、久米の論文は、タイトルも書き方もきわめて論争的で、読者を挑発するスタイルのものであった。

たとえば一八九〇(明治二十三)年九月に発表された「英雄は公衆の奴隷」という論文がある。この論文は、豊臣秀吉《とよとみひでよし》や徳川家康《いえやす》といった天下人《てんかびと》がなぜ尾張《おわり》・三河《みかわ》地域からあいついで出現したのか、という問いから出発する。久米はその答えを尾張・三河の地域的な特質に求める。久米によれば、この地域は、近畿地方の周辺部であるため、皇室・京都を防衛する武士の領地が集中的に存在する土地であり、土地の人びとの気風が皇室の防衛を志向するものであったから、そうした人びとの気風に支えられて天下人が輩出されたのだという。そして久米はそこから議論を一歩先に進め、天下をとるような英雄も、その出身地の状況に左右される、と主張する。「国主領主《こくしゅりょうしゅ》は皆其《みなその》士民《しみん》の代表人」なのである。ここから、「英雄は公衆の奴隷」という逆説的な命題が引きだされる。久米自身が別の論文でふれているように、久米の頭のなかには、まさにこの年に開設されようとしていた帝国議会のイメージがある。

この論文にみられる久米の説明自体は、今日の歴史学の水準に照らして正しいかどうかはおおいに疑問であるが、久米の歴史論は重野のように単に歴史的事実を解明するというだけではなく、「なぜ」という問いを通じてより一般的な社会的法則をみいだしていこうとする姿勢をもっていることはみてとれるだろう。そして、その問いは当時の同時代的な問題と密接にかかわって提出されているのである。

翌一八九一(明治二十四)年には「太平記は史学に益なし」という論文が発表される。久米はこのなかで『太平記』の内容がいかに事実無根かを列挙していくのであるが、その書きぶりも挑発的である。新田義貞《にったよしさだ》が鎌倉攻撃の際、稲村ケ崎《いなむらがさき》で宝剣を投じたところ海水が引いてこれを突破したというエピソードを否定し、単に干潮の時刻であったにすぎないとしたうえで、もし突然海水が引くような現象が起きたとしたらそれは津波の前兆である、『太平記』を真に受けて津波に巻き込まれる人がいてはたいへんだから、注意するのも無駄ではないだろう、といった皮肉がそえられる。

このくだりにもみられるように、久米にとって『太平記』が史学にとって無益なのは、単に事実をまげているからだけではない。『太平記』の記述が非合理的で、人間社会の合理的な理解を妨げるからである。久米の言葉を借りれば、「益なきのみに非ざるなり」、つまり、益がないだけではなく、有害なのである。その意味では、『太平記』は文学作品としてもできそこないであるとされる。久米はヨーロッパの文学論を引合いにだしながら、「正確なる条理ある」文学、つまり筋のとおった文学作品が「名作」なのであって、単に文章をかざって自然の摂理をまげるような文学作品は駄作であるという。

それでは、事実に基づく歴史はいかなる意味において社会に有益なのであろうか。その点に答えたのが同じく一八九一年の論文「勧懲《かんちょう》の旧習《きゅうしゅう》を洗ふて歴史を見よ」である。「勧懲の旧習」とは、勧善懲悪の筋立てで描かれた、従来の芝居や講談《こうだん》、歴史物語の歴史叙述のあり方である。久米はこれを否定し、「実際の通り」に歴史を記すのがよい歴史書であるという。なぜか。それは歴史において善悪を判定することは容易ではないからである。「歴史の事実は複雑」である。善悪二元論で割り切れるものではない。そして重要なのは、久米の生きる同時代は、ますます複雑の度を増しつつあるという久米の時代認識である。明治維新によって時代は変わった。江戸時代の身分制のもとでは、武士、百姓《ひゃくしょう》、町人にはそれぞれ固定された収入の源泉があり、社会は比較的単純であった。人びとは寄席《よせ》や芝居小屋で単純な善悪の物語を聞いていればよかったかもしれない。しかし、身分制が消滅した現代は「利益の競争」の時代である。それぞれの個人が複雑な社会に相対して、みずからの生活を守っていかねばならない。そのためには勧善懲悪の善悪二元論では不十分であるどころか、そのために判断をあやまって財産を失ったり犯罪者となったりする可能性すらある。複雑な人間社会のありさまをあらかじめ研究しておくのが歴史学なのだ、と久米はいう。

重野と同様に、久米も歴史を道徳的判断から自立させることを主張する。しかし、重野が単に事実をそのまま書けば、道徳的秩序がおのずから明らかになるという形でしかその両者の関係付けをはかれなかったのに対して、久米は、社会の複雑化に応じて道徳的判断は複雑化せざるをえないこと、そのためには善と悪とを単純に区別するのではなく、歴史的事実の複雑さを複雑なままに理解することが必要である、として歴史学の社会的有用性に根拠をあたえたのである。こうした社会観に基づく歴史学の位置付けは、『米欧回覧実記』にみられる、市場経済によって支配される世界という同時代認識と、明らかに通底するものである。

## 広範な関心

一八八二(明治十五)年、修史館の職員一〇人ほどが集まり、「言志会《げんしかい》」という会を始めた。これは、館員が文章や研究成果をそれぞれ提出し、それについて議論する一種の館内の研究会であり、懇談会であった。一八八二年九月の第五回の会合からは重野安繹も出席しており、久米は翌八三(明治十六)年一月の第一一回の会合が初参加である。この会合は一八八五(明治十八)年まで三三回に

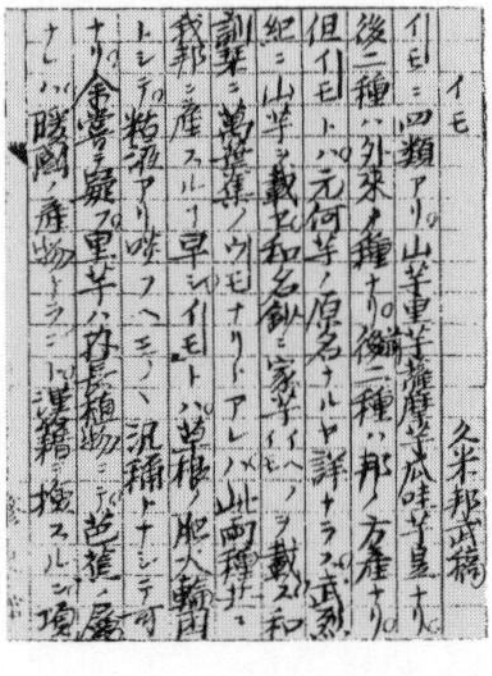


**久米邦武「イモ」**

わたり開催されたことが記録に残されている。重野も久米も数回文章をだしているが、とくに久米のこの会での活動は活発であり、論題からはその問題関心の広さがうかがえる。

　なかでも異色なのは一八八四(明治十七)年四月二十一日、第二二回の言志会にだされた文章「イモ」である。「イモに四類あり、山芋、里芋、薩摩芋、爪哇芋、是なり」と書きだされるこの論考で、久米は日本古来のイモには山芋、里芋の二種であることを『日本書紀《にほんしょき》』その他の古代文献を引用しつつ論じ、また同種のイモは中国にも存在することを漢籍から引用し指摘する。そして、これらのイモにも地域的な差異がみられること(主として東京のイモと故郷佐賀のイモが比較されている)、薩摩芋、ジャガイモは外来のイモであることを論じ、薩摩芋の普及に力をつくした青木昆陽《あおきこんよう》▲の事績をたたえて、文章は閉じられる。一種の食文化史といってもよい。久米がなぜイモの歴史に関心をいだいたのかはまったく謎であるが、久米の関心は、伝統的な政治史だけでなく、経済や生活の側面にもおよんでいた。「言志会」における久米の論説は、彼にとっての一種の歴史学の実験だったと位置づけることができるだろう。

▼**青木昆陽**　一六九八～一七六九。日本橋《にほんばし》の魚問屋の子に生まれ、京都で学ぶ。享保《きょうほう》の飢饉《ききん》に際してサツマイモ普及を説いた『蕃薯考《ばんしょこう》』を執筆、これが幕府の政策に採用され、「甘藷《かんしょ》先生」と称された。

## 「官」の修史事業

とはいえ久米は、そうした社会にとって有用な歴史意識の育成が、民間の歴史学や、国家から独立した学者の手によってなしとげられるとは考えていなかった。久米は、「大日本編年史」の編纂目的を弁護する目的で一通の意見書を執筆しているが、そのなかで西洋では国家が歴史を編纂している国はないのだから、日本でも歴史書の編纂は民間人にまかせればよく、政府が修史事業を行う必要はない、という議論に反論している。その要点は、西洋諸国と異なる後進国日本においては、民間には良質の歴史書を生み出す力量はなく、国家による予算の裏付けと国家の権威を背景とした史料収集とによってはじめて理想的な歴史書がつくりだせるのだ、というものであった。

官の権威と機構を動員して行われていた重野や久米たちの史料収集のあり方を考えてみれば、彼らの修史事業とはこうした考え方を現実化したものだったことがわかるだろう。また、修史部局のトップに立つ重野や久米の歴史研究は、彼らの下で働く多くの職員たちに支えられていたことも忘れてはならない。「大日本編年史」執筆開始後の修史館の時期を例にとれば、重野や久米ら「編修官」は、「大日本編年史」の執筆にあたる上級職員であり、その執筆のもとになる材料を集め、筆写し、事実関係を整理して、事件の年代順にそれを編成する作業は「掌記《しょうき》」「繕写《ぜんしゃ》」「写字生《しゃじせい》」などの下級職員が担っていた。一八八四(明治十七)年六月二十四日の「言志会」で、修史館四等編修官の星野恒は、「史料纂輯諸君」、つまりこうした基礎的作業にあたる下級職員に対し、その仕事ぶりについて注意をうながしている。編修官たちが、職員たちの整理した材料をもとに執筆にとりかかると、しばしば編修官たちはその材料のなかに疑問を発見し、調査が不十分、まちがいが存在するなどとして職員たちを質問・詰問することになる。こうした事態について、職員たちは、編修官たちは楽をしており、自分たちだけが苦労していると不満をもつかもしれないが、これはたとえば料理人が料理中に材料不足だからといって包丁を投げだして買い物にかけだすわけにはいかないのと同様で、分業のうえからやむをえない。そして、そもそもこうした疑問の生じるのは、下級職員たちがしっかりと考察を加えずに史料を編纂するからである、と星野はいうのである。『史学会雑誌』をかざる重野や久米たちの「考証」や「抹殺」は、こうした下級職員たちの基礎作業あってこその成果だったのである。

つまり、重野や久米たちは、国家の修史事業を支える官僚機構の上に立って、その歴史論を展開していた。そして、久米の歴史研究の社会的有用性の意義付けもまた、あくまでも官の側から、複雑化する近代社会に必要な歴史書を国民に提供するという立場に立っている。しかし、そうした久米の自負は、民間社会にとっても、政府の指導部にとっても、自明のものではなかった。その矛盾が、一八九二(明治二十五)年、いわゆる「久米事件」として爆発する。

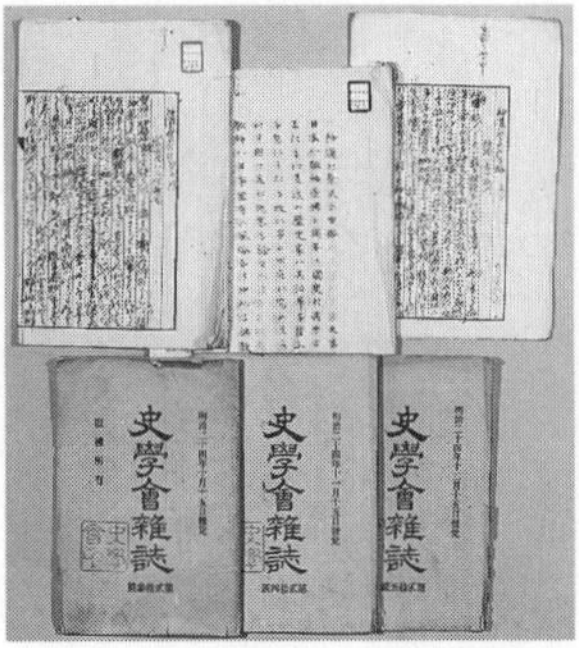

「神道は祭天の古俗」自筆原稿および掲載された『史学会雑誌』

## ④—修史事業の終焉

### 久米事件

一八九一(明治二十四)年十月から十二月にかけて、久米邦武は、『史学会雑誌』に「神道《しんとう》は祭天《さいてん》の古俗《こぞく》」と題する論文を発表した。この論文がもとになって久米は神道関係者の激しい批判をあび、翌一八九二(明治二十五)年三月三十日、帝国大学を去ることになる。いわゆる「久米事件」である。

発端となった久米の論文「神道は祭天の古俗」は、『日本書紀《にほんしょき》』『古事記《こじき》』などの日本古代史の文献や、中国の史書などに依拠しながら、日本の神道の歴史的性格を、比較史的な視座から位置づけようとした意欲的な論説である。

久米によれば、神道は「宗教」ではない。宗教として信仰が体系化される以前の原始的な祭祀《さいし》である。すべての民族に共通して、人類の「襁褓《きょうほう》」(産着《うぶぎ》)の時代、つまり人類の幼年時代には、自然から受ける恩恵への感謝、また自然の厳しさへの恐怖の反映として、「天」に存在するこの世の主宰者、すなわち「神」を想像するようになる。この「天」をまつり、災いを祓って福を招こうとする祭祀が、久米が「祭天の古俗」と呼ぶものである。中国も朝鮮もこうした「古俗」をもっていたが、しだいにそれが変化し、体系的な教義をもつ「宗教」となった。しかし、日本のみはこうした古い習俗としての祭祀を失うことなく、それが万世一系《ばんせいいっけい》の天皇という日本の「国体」の基礎となっている。しかし、時代の進歩に従い、こうした原始的な祭祀としての神道のみでは社会の秩序を維持することが困難になり、仏教や儒教《じゅきょう》が輸入され、神道とともに日本社会を支えた。以上が久米論文の骨子である。比較史的な視角や人間社会の複雑化への対応の必要性の認識といった論点においても、また史料の強引な解釈が多いという点においても、よくも悪くも久米らしい論文といえよう。

「神道は祭天の古俗」は、一八九二年一月、ジャーナリスト田口卯吉《たぐちうきち》▲が主宰する歴史雑誌『史海《しかい》』に転載された。転載に際して田口は、この論文に対して、「神道熱心家」は沈黙を守るべきではない、もし沈黙するならば久米の議論に反論できないとみなさざるをえない、という挑発的コメントを付した。そして、この田口の挑発が直接のきっかけとなって、久米に批判があびせられることになるのである。

▼**田口卯吉**　一八五五〜一九〇五。経済学者、ジャーナリスト。『日本開化小史《にほんかいかしょうし》』を著わして名をあげ、のち『東京経済雑誌』を主宰、自由主義的経済論を主唱した。東京府会議員、東京市会議員、衆議院議員。

一八九二年二月二十八日、神道団体道生館の塾生四人が久米邸を訪問、五時間にわたって久米を詰問するという事件が起きる。翌二十九日、久米は道生館塾生四人に対して葉書を送り、五時間にわたって討論しても久米の真意が通じなかったとすれば、それは自身の論文の文意が明確でないから誤解を招いたのであり、論文は取消しにすると回答、三月三日、同じ主旨の広告を各新聞に掲載して論文を撤回する。しかし事態はこれでおさまらず、三月四日、帝国大学は久米を非職処分(官吏としての身分はあるが、職務のない状態。そのまま三年をすぎると官吏としての身分も喪失する)とし、三月五日、内務《ないむ》省は久米の論文が掲載された『史学会雑誌』と『史海』を発禁処分とした。久米は辞表を提出し、三月三十日、帝国大学文科大学教授および史誌編纂委員を依願免職となったのである。

久米の論文はなぜここまで問題となったのであろうか。神道側からみれば、久米の説は両義的な意味をもつ。当時、神道が「宗教」ではないという理解は多くの人に共有される前提であり、久米と神道関係者のあいだでそのことが争点となったわけではない。戦前日本のいわゆる「国家神道」が、神道は宗教ではないがゆえに「信教の自由」の対象とはならず、すべての国民が等しく崇敬すべきものとされたことからわかるように、宗教ではないがゆえに神道を特権化する論理は成り立つ。しかし久米の議論は、そうした神道の特権化、ひいてはそれに支えられる万世一系の日本の「国体」の特権化の志向と同時に、神道は「宗教」ではないがゆえに、社会の複雑化にそれだけでは対応することができず、仏教や儒教の導入を必要とした、という指摘も含んでいる。いいかえれば、神道は宗教ではない、という命題が、神道が宗教「以上」のものであるがゆえに尊ばれなければならない、ということを意味するのか、神道が宗教「以前」であるがゆえに時代遅れのものになっている、ということを意味するのか、久米の論文からは自明の結論を導きだすことはできないのである。そして「祭天の古俗」が人類の幼年時代に共通の経験だ、という久米の比較史的主張が後者の色彩を色濃くもっていたことは明らかである。複雑化する近代社会にふさわしい歴史認識を、という久米の歴史論の基調はここでも一貫している。

神道家はまずこの点に反応する。たとえば四月五日に発表された下田義天類▲の論説では、久米が、日本にとって儒教・仏教の導入が必然であった、とするのは神道の不当評価であり、現在神道を崇敬する者を「至愚《しぐ》の所行」「阿房《あほう》の仕

▼**下田義天類**　一八五二～一九二九。本名は義照《よしてる》。国学者、神職《しんしょく》。伊勢神宮の神職、神宮皇学館《じんぐうこうがっかん》、皇典講究所、国学院大学の教授をつとめた。

事」とする趣旨を「裏面に貯蔵」しているのであると主張する。

また、久米のいうように、神道の崇敬の対象が、古代人の「想像」の産物である「天」であり、それが「神」にほかならないとすれば、天皇が「神の子孫」であるということは否定されてしまう。これは皇室に対する不敬ではないか。神道家たちはこう述べるのである。

下田義天類は、一八八九(明治二十二)年、伊勢《いせ》神宮で不敬《ふけい》行為を働いたという噂《うわさ》が原因となって暗殺された元文部大臣森有礼《もりありのり》▲の名を引合いにだし、伊勢神宮を崇敬する気持ちをもち、実際に参拝したものの、その参拝の仕方が不敬であったとして暗殺された森の場合でさえ、暗殺犯には同情が集まった、ましてや確信犯的に伊勢神宮と皇室を否定する久米はどうであろうか、とまで書いている。ここまできては公然たるテロの脅迫である。

批判の対象となったのは久米や、久米を擁護した田口卯吉にとどまらなかった。重野が国家によって神社にまつられている忠臣《ちゅうしん》を歴史から抹殺したこと、また重野や久米の同僚である星野恒《ほしのひさし》が、皇室の先祖は朝鮮半島から渡来したものであるとする論文を『史学会雑誌』に発表していたことなどが、あわせて攻撃

▼**森有礼**　一八四七〜八九。薩摩藩《さつまはん》出身。幕末《ばくまつ》にイギリス、アメリカに留学。帰国後は維新《いしん》政府の外交官としてアメリカ、清国、イギリスに駐在。知識人結社明六社《めいろくしゃ》の一員でもあった。一八八五(明治十八)年文部大臣となり、教育改革を推進。一八八九(明治二十二)年二月十一日、憲法発布の当日に刺され、翌日死去した。

の対象となった。帝国大学の歴史家たち全体が批判にさらされつつあったのである。

久米の非職処分に際して学生たちのあいだにはこれを不当と考える者もいた。当時、帝国大学文科大学国史科の学生であった大森金五郎《おおもりきんごろう》▲の回想によれば、久米非職後の三月六日、学生菊池謙二郎《きくちけんじろう》▲の発議で、菊池と大森を含む学生五人が帝国大学総長加藤弘之《かとうひろゆき》▲を訪問することになり、三月七日に面会した。学生側からの質問に対して加藤総長は、世間が騒がしいので「久米先生には気の毒ながら」、このような処分になったと答え、さらにこうした処分は「大学の尊厳」を傷つけるものではないかという学生たちの重ねての問いかけに、総長は、非職というのは理屈上は処分ではなく、当分仕事がないから非職としたにすぎない、世間が静まるのを待って復職させることもできる、と回答したという。その場しのぎ的対応であるが、加藤総長には久米を積極的に擁護する気もなかったのである。

また、重野をはじめとする帝国大学国史科の同僚たちも沈黙を守った。田口卯吉をはじめとして、新聞や雑誌で久米を擁護する論者は皆無ではなかったの

▼**大森金五郎**　一八六七〜一九三七。日本中世史を専門とする歴史学者。帝国大学文科大学国史科を卒業。学習院《がくしゅういん》教授をつとめた。

▼**菊池謙二郎**　一八六七〜一九四五。教育者。二高校長、上海東亜同文書院《とうあどうぶんしょいん》教頭、水戸《みと》中学校校長をへて衆議院議員。水戸学の研究で知られる。

▼**加藤弘之**　一八三六〜一九一六。但馬出石《たじまいずし》藩出身。洋学《ようがく》を学び、幕府《ばくふ》の蕃書調所《ばんしょしらべしょ》に登用され、幕臣《ばくしん》となる。維新後は明治政府の官僚となり、東京開成《かいせい》学校綜理《そうり》、東京大学綜理、帝国大学総長を歴任。

**井上毅**

▼**井上毅**　一八四三〜九五。肥《ひ》後《ご》藩出身。一八七二(明治五)年フランスに留学後、法制官僚として頭角をあらわし、岩倉具視《いわくらともみ》、伊藤《いとう》博文《ひろぶみ》のブレーンとして活躍。大日本帝国憲法や教育勅語《ちょくご》の起草にかかわった。

に対し、同僚たちが沈黙していることは、久米を擁護する側から問題視された。たとえば『東京朝日新聞』は三月九日の社説で、重野と星野を名指しで、その臆病さを批判している。

## 修史事業の終焉

久米事件から約一年後、一八九三(明治二十六)年三月二十九日、文部大臣井《いの》上毅《うえこわし》▲は、帝国大学の修史《しゅうし》事業を抜本的に改革する案を閣議に提出する。それによれば、第一に、修史事業は二〇年間も継続して行われているにもかかわらず、古文書《こもんじょ》の探索と事実の考証にばかり力をそそいで、歴史書の完成という肝心の目標については一向に成果が上がっていない。第二に、現在の修史事業は漢文をもって執筆することを方針としているが、漢文は、個人の著作ならばともかく、政府の公式文書ではもはや使われていない言語であり、実用的ではない。しかし歴史編纂事業そのものは重要なので、人事を刷新し、方法を再検討してあらたな編纂事業を開始したい。この井上文相の要求は認められ、一八九三年四月十日、史誌編纂掛《がかり》は廃止、重野安繹は史誌編纂委員長の職を解かれた。

重野の修史事業への関わりの終焉であり、明治国家による正史《せいし》編纂事業の終焉であった。時に重野安繹、六七歳である。

なぜ井上は帝国大学史誌編纂掛を廃止したのか。内閣への提出案には効率の問題、言語の問題の二つが掲げられていた。それに加えて、井上自身が、重野や久米らの歴史研究に強い嫌悪感をもっていたこともあげておく必要があろう。この年、国学《こくがく》研究機関である皇典講究所《こうてんこうきゅうじょ》▲で行った講演のなかで井上は、当時出版されている日本史の教科書のなかには、皇室の先祖がインド人であるとか朝鮮人であるとかいった説があげられており、こうした説の流れる「病根」を絶つため「修史局を打ち破った」と述べている。重野の抹殺論や、久米の複雑化する社会を生きるために必要な認識としての歴史学といった構想は、民間からの強い批判にさらされただけではなく、政府内部からも支持されることはなかったのである。

一方で、「大日本編年史」編纂事業が遅々として進んでいなかったことも事実である。一八八九(明治二十二)年一月、帝国大学臨時編年史編纂掛は、本来の計画では「大日本編年史」は、『大日本史《だいにほんし》』がカバーしていない南北朝《なんぼくちょう》以後を扱

▼**皇典講究所**　一八八二(明治十五)年に設立された神道研究・神職養成機関。一八九〇(明治二十三)年国学院(のちの国学院大学)を設置し、その母体となった。

三上参次

▼三上参次　一八六五〜一九三九。帝国大学文科大学和文学科卒。日本近世史を専門とする歴史学者。臨時編年史編纂掛助手嘱託、帝国大学文科大学助教授をへて、同教授、史料編纂委員、史料編纂掛事務主任、東京帝国大学文学部長を歴任。帝大退官後は臨時帝室編修官長をつとめた。史料編纂掛(現在の東京大学史料編纂所)の基礎を築いた。

うものとされていたが、結局、後醍醐《ごだいご》天皇以前の『大日本史』が存在する部分も、後醍醐天皇部分のやりなおしの結果とうてい使えないことが判明したので、六《りっ》国史《こくし》終了時点以後をすべて編纂の対象としたいという上申書《じょうしんしょ》を文部大臣に提出している。この上申書は、中国の清《しん》朝が、それに先立つ明《みん》朝の正史である「明史」を編纂するのに六〇年を要したことを引合いにだしながら、国史編纂が時間を要するのはやむをえないと開きなおっている。これでは、帝国議会の厳しい予算削減要求に直面している政府がしびれを切らすのも無理はない。

また、のちに東京帝国大学教授・史料編纂掛事務主任として歴史学界をリードする三上参次《みかみさんじ》▲は、重野・久米・星野らは、そもそも編年史の執筆に熱心でなく、『史学会雑誌』などに自分の論文ばかり発表して、しかもそれによって反感を買っており、そうしたことが井上文部大臣の怒りを招いたのだと回想している。

以上を総合すると、帝国大学の歴史家たちは、漢文で役に立ちそうもない「大日本編年史」の編纂をやっているが、それは一向に完成しそうもない。そのうえ、彼らは自分では編年史編纂のために集めた史料で論文を書き、世間の物

▼**黒板勝美**　一八七四～一九四六。日本史・古文書学を専門とする歴史学者。帝国大学文科大学国史科卒。東京帝国大学教授、史料編纂官を歴任。古文書学の体系化に業績を残すとともに、文化財の保存に尽力した。

**黒板勝美**

**辻善之助**

議をかもしてばかりいる。こうした判断が、修史事業の中止をもたらした要因であったといえよう。

## 官学アカデミズムの時代と重野・久米

久米や重野が去ったあと、文部大臣井上毅は数人の大学関係者からの意見聴取をへて、結局、帝国大学における歴史編纂を、漢文による正史の編纂から、収集した史料の編纂・刊行、すなわち史料集の出版へと転換させることになる。一八九五（明治二十八）年四月一日、帝国大学文科大学に史料編纂掛が設置され、一九〇一（同三十四）年、『大日本史料』『大日本古文書』の出版が開始される。今日も東京大学史料編纂所で続けられている史料編纂事業の始まりである。

史料編纂掛事務主任・帝国大学教授としてこの新しい事業をリードしたのは三上参次であった。三上や、それに続く黒板勝美《くろいたかつみ》、▲辻善之助《つじぜんのすけ》らによって、史料編纂掛と東京帝国大学文科大学国史科を中心に形成された歴史学の学派を「官《かん》学《がく》アカデミズム」と称する。彼らは、重野や久米が切り開いた一次史料に基づく考証という学問の地平を引き継ぎながら、彼らよりはるかに緻密な史料の分析能力を身につけてゆくとともに、重野や久米が巻き込まれたような、社会と歴史研究との矛盾、紛争を避けることに腐心する。その一例が、史料編纂掛の発足時に、掛内の申合せとして制定された「掛員規約」である。それによれば、史料編纂掛員は、「世上の物議」をかもすような論説を発表することは厳に慎むこととされ、勤務中はもちろん、余暇であっても編纂事業の妨げとなるような個人の論説の執筆は制限された。史料編纂掛で収集した史料はいかなる名目でも一切外部に漏洩してはならず、個人の論説の発表媒体は、大学内の雑誌および皇典講究所の講演に限定された。三上らがいかに久米事件の再来を恐れていたかが、ここには明瞭に示されている。

そうした新しい世代によってリードされた「官学アカデミズム」の側からみれば、晩年の重野はいわば「敬して遠ざけられる」存在であった。

三上参次は、『大日本史料』『大日本古文書』の出版が開始されるにあたり、重野になんらかの形で事業にふたたび加わってもらうのが望ましいのではないかという意見があったことを回想している。しかし三上によれば、重野と旧主・島津《しまづ》家との関係がネックになって、この話は流れたという。というのも、重野

▼家司　平安《へいあん》・鎌倉《かまくら》時代に、親《しん》王家《のうけ》や摂関《せっかん》・大臣《だいじん》などの有力者の家の庶務を担当した職員。

は、島津家の先祖は近衛《このえ》家の家司《けいし》▲惟宗《これむね》氏であるという考証を発表しているのに対し、島津家では初代家久《いえひさ》が源《みなもとの》頼朝《よりとも》の落胤《らくいん》であるという伝説を有しており、このことから重野が加わると島津家の史料が閲覧できなくなる恐れがあったというのである。

久米に対しての風当りはより強いものがあった。辻善之助は、久米の意見は「頗《すこぶ》る奇警《きけい》」「ドグマチック」であり、「久米さんの史学論には、強いて異を立てるというような嫌いがないでも無い」と述べている。そして例の「祭天の古俗」論文がその典型だというのである。新世代の、緻密な実証史学を身につけた辻からみれば、久米の歴史論はあまりにこじつけじみていて、とうてい学問的な歴史学の水準には達していない、ということであろう。こうして、重野と久米は、「官学アカデミズム」の興隆のなかで、過去の歴史学者となっていくのである。

## 重野の晩年と洋行

こうして帝国大学を去った重野であるが、依然として漢文学の大家であり、史学会の会長として歴史学界の重鎮であったことに変わりはなかった。一八九八(明治三十一)年にはふたたび東京帝国大学教授に任じられ、一九〇一(同三十四)年までつとめている。ただしこのときの担当は国史ではなく、「漢学支那語学第一講座」、つまり漢文学の担当者としてであった。歴史家としては、免官前と変わらず史学会や東京学士会院での講演会でしばしば壇上に立ち、歴史論を、人物論を、また考証を語った。辻善之助は、若き日に接した晩年の重野について「いかにも大人長者の相があり、いかなる場合にも、従容《しょうよう》として迫らず、おちつきはらった様子」であったと語っている。たとえば史学会の例会で、予定されていた登壇者が急に欠席となった場合でも、重野に頼めば「それでは拙者が何かやろう」といって即席で講演をしたという。

そして、晩年の重野は壮健であった。健康につねに注意し、駿河台《するがだい》の自宅周辺の散歩を毎日欠かさず、気を若く保つために頭髪や髭もそめ、老松を養うには周囲に姫小松を植えれば回復すると称し、若い女性を家に何人もおいて身の回りの世話をさせていたと辻は伝えている。

そして一九〇七(明治四十)年、八一歳の重野はヨーロッパへと旅立つ。オー

**▼田健治郎**　一八五五～一九三〇。官僚、政治家。司法・警察・逓信《ていしん》官僚をへて、衆議院議員、貴《き》族院《ぞくいん》議員、逓信大臣、台湾総督、農商務《のうしょうむ》大臣などを歴任した。

**天津における重野**（一九〇七〈明治四十〉年）

ストリアのヴィーンで開催された万国学士院連合の総会に、日本の帝国学士院代表として参加するためである。海外へいくこと自体が稀有であったこの時代、八〇歳を超えた老人がヨーロッパまで長旅をすることは驚くべき事件であった。遺言状を娘婿の田健治郎《でんけんじろう》▲に託した重野は、三月二十三日、長男重野紹一郎《しょういちろう》をともない東京を出発、下関《しものせき》から船に乗り、スエズ運河経由で、五月八日マルセイユに着、イタリアを経由してヴィーンにはいった。ヴィーンの万国学士院連合総会では日本史についての講演を行い、無事に任務を終えると、スイス、フランス、イギリス、ベルギー、ドイツ、ロシアを漫遊、七月三十一日モスクワを鉄道で出発、シベリア鉄道経由で中国へはいり、北京《ペキン》、上海《シャンハイ》をへて、九月、無事東京に帰着した。久米に遅れること三六年の洋行《ようこう》である。帰国後、重野は周囲に、岩倉使節団《いわくらしせつだん》のときには随行できなかったが、これで本望をとげた、と語っていたという。

一見はなやかな重野の晩年であるが、一方でかつての門下生岩崎《いわさき》家の援助をえて、編年体《へんねんたい》史書『国史綜覧』の編纂を続けていた。挫折した「大日本編年史」の夢を追い続けていたともいえる。久米邦武の回想によれば、体調をくずした重

晩年の大隈重信(右)と久米

野を訪れた久米に、重野はこの『国史綜覧』の執筆を引き継ぐことを依頼したが、久米はこれを断わったという。これが重野と久米の最後の面会となった。一九一〇(明治四十三)年十二月六日、重野は東京市ケ谷《いちがや》の自宅で死去した。享年八四歳であった。

## 久米と歴史学

久米もまた旺盛な執筆活動を続けた。史誌編纂掛廃止後の一八九三(明治二十六)年八月には、『史学雑誌』(『史学会雑誌』から改題)には「史学の独立」と題した論説を発表し、「道徳政治」の時代はすでに去り、「利益社会」となった今日、史学を道徳から独立させることは必須である、と力説している。

一八九四(明治二十七)年から九六(同二十九)年にかけて立教《りっきょう》学校(立教大学の前身)で教鞭をとったあと、九九(同三十二)年、六一歳の久米は、東京専門学校(一九〇二〈明治三十五〉年、早稲田《わせだ》大学となる)の講師に迎えられた(のち教授)。佐賀以来の友人、大隈重信《おおくましげのぶ》との関係によるものと思われる。早稲田での久米は、古文書学や中世史の講義を担当したが、講義数は少なく、いわば客員教員の扱いであった。

大学での講義のほかに、久米は通信制の学生向けのテキストである『早稲田大学講義録』の執筆に力をそそいだ。そしてこの講義録をもとにして、『古文書学』『日本古代史』『奈良朝史』『南北朝時代史』をあいついで早稲田大学出版部から刊行した。『日本古代史』『奈良朝史』『南北朝時代史』は、早稲田大学出版部が一九〇七(明治四十)年から〇八(同四十一)年にかけて出版した全一〇巻の日本通史シリーズ『大日本時代史』に組み込まれ、広範な読者をえた。これらは後期の久米の代表的著作となる。

しかし、こうした久米の著作は新進の世代からの批判をまぬがれなかった。『日本古代史』で久米が展開した古代史論は、「譬喩《ひゆ》」論と称されるもので、『古事記』『日本書紀』に記された神話を、ある歴史的事実が変形・反映されたものとみなす立場であったが、やはりこうした学説にはこじつけ的な面が大きい。官学アカデミズム系の辻善之助がこれに批判的であったことはすでにみた。また記紀神話を、歴史的事実を直接に反映したものと考えるのではなく、より広く古代日本人の精神活動の所産として分析すべきであるとする立場から、日本

▼**柳田国男**　一八七五〜一九六二。東京帝国大学法科大学政治科卒業。農商務官僚をへて民俗学者に転じ、日本民俗学の創始者となった。

民俗学の創始者たる柳田国男《やなぎたくにお》▲らから批判された。

久米が早稲田大学を辞職するのは一九二二(大正十一)年、八四歳のときである。すでにそれに先立つ一九一八(大正七)年に教授職を解かれ講師となり、教壇からは去っていた。

晩年の久米は、西洋文明の行き詰まりを強く意識するようになっており、周囲にそうした意見を繰り返し語っていたという。文章化されたものとしても一九二〇(大正九)年に発表された「西洋物質科学の行き詰まり」という小論がある。ここからは第一次世界大戦のヨーロッパの惨状が、久米に強い衝撃をあたえたことが読みとれる。

かつて、欧米視察の経験に基づいて、「道徳」の社会から「利益」の社会への移行を確信し、それにふさわしい歴史意識の樹立をめざしてたたかった久米邦武が、晩年に西洋文明の行き詰まりを説くにいたったことは、近代日本の歩みを考えるうえで興味深い事実ではある。一九三一(昭和六)年二月二十四日、久米邦武は東京の自宅で死去した。享年九三歳。満州事変《まんしゅうじへん》の始まる約七カ月前のことであった。

## 事実認識と歴史学の有用性

重野や久米たちは、歴史家として教育を受け、歴史学を志し、歴史家になったわけではない。彼らにとって、本来、歴史の研究は、一官吏《かんり》としての「業務」だったといってよい。彼らにとって「史学」がそれ以上の意味をもったのは、その業務の遂行を通じて、その意味を発見していったからである。

そして、彼らにとって歴史学が「業務」であったことは、彼らに歴史学の社会的な有用性を説明する責任をおわせることになった。重野は、事実を明らかにすることは道徳的秩序を「おのずから」明らかにすることだ、としてこれに答え、一方、久米は近代社会を生き抜くために必要な、社会の複雑さの認識の手段として歴史を知ることとの必要性を説いた。今日、二人の講演記録や論説を読む者は、「史学」という新しい知を手にした知識人たちの、ある種の明るさを感じるだろう。彼らは楽天的であった。

しかし、こうした歴史学の有用性の説明は、同時代の社会において必ずしも受け入れられなかった。重野は、事実がフィクションに対して道徳的優位性をもつことの論証に成功しなかったし、久米もまた、彼の近代社会像を他者と共有することはできなかった。

重野や久米の次世代にあたる官学アカデミズム史家たちは、こうした社会的有用性の問いを、大学という「学問の独立」の場を確保することで、さしあたり封印した。それでも、問いは何度でも亡霊のようによみがえる。一九一一(明治四十四)年、教科書記述を発端として発生した南北朝正閏《せいじゅん》問題▲においては、官学アカデミズムも無傷ではいられなかった。十五年戦争期の皇国史観《こうこくしかん》▲はいうにおよばない。戦後、官学アカデミズムを批判し、よりよき未来をつくるという目標によって社会的有用性を前面に押し出したマルクス主義歴史学も、その依拠した未来像が説得力を失うことによって危機に直面する。

歴史認識が、それを主張する人の立場や歴史的条件に左右されることが指摘されるようになって久しい。しかし、今なお、政治的に対立する人びとが、おたがいの「歴史認識」を問題にするとき、争点となるのはしばしば「史実」そのものである。多くの「歴史認識論争」においては、史実を明らかにすれば、自分の道徳的優位は「おのずから」明らかになることが信じられている。これこそ、かつて重野と川田剛《かわだたけし》のあいだで争われた論点にほかならない。

▼**南北朝正閏問題**　南朝・北朝のいずれが正統な朝廷《ちょうてい》であるかという問題。一九一一(明治四十四)年、国定教科書『尋常《じんじょう》小学日本歴史』の教師用書が南北両朝並立の立場をとっていたことが、南朝正統説の立場から議会で問題とされ、教科書の執筆者、編纂官喜田貞吉《きたさだきち》が休職処分となった。

▼**皇国史観**　十五年戦争期に、「万世一系」の天皇を中心とする日本独自の「国体」の優越性を説いた歴史観。文部省教学局や、東京帝国大学教授平泉澄《ひらいずみきよし》がその中心となった。

「パパ、だから歴史がなんの役に立つのか説明してよ」という質問に答えて、フランスの中世史家マルク＝ブロック▲が『歴史のための弁明』を書いたのは、久米の死から一〇年後、一九四一年のことであり、同書を完成させることなく、ブロックは一九四四年にレジスタンスに斃れる。筆者に答えがあるわけではない。もしかすると、問い自体がまちがっていたのかもしれない。重野と久米を持ち上げ、官学アカデミズムを問責するのは、重野にならっていえば「至公至平」の評価ではあるまい。それぞれにはそれぞれの歴史的条件があったのである。

ともかくも、日本の歴史学は、その黎明期《れいめいき》から、過去の事実を明らかにするという営みはどのようにして社会的に有用であるのか、という緊張関係のなかにおかれていた。しかし、重野と久米は、いささか無頓着にその緊張関係のなかに飛び込んでいった。二人の軌跡からみえてくるのは、そうした第一世代の歴史家たちの姿である。

▼**マルク＝ブロック**　一八八八〜一九四四。フランスの中世史家。リュシアン＝フェーヴルとともに『社会経済史年報』を創刊し、のちの「アナール学派」の祖となる。主著に『封建《ほうけん》社会』。

**写真所蔵・提供者一覧**(敬称略, 五十音順)

久米美術館　　カバー裏右, p. 26, 27, 66, 80
公益財団法人斯文会　　p. 5
国立国会図書館　　p. 72, 75左, 79
財団法人史学会　　扉
尚古集成館　　p. 13
東京大学史料編纂所　　カバー表, p. 18, 32, 40, 41, 44, 50, 62, 75右
東京大学総合図書館　　カバー裏左, p. 34
日本学士院・吉川弘文館　　p. 39, 74
博文館新社　　p. 34
無窮会　　p. 35
山口県文書館　　p. 23
吉川弘文館　　p. 48
『重野博士史学論文集(上中下巻)』上巻(雄山閣刊行)　　カバー裏左

## 参考文献

〈著作〉
久米邦武『久米邦武歴史著作集』全５巻, 吉川弘文館, 1988〜91年
久米邦武述『久米博士九十年回顧録』全２巻, 早稲田大学出版部, 1934年
薩藩史研究会編『重野博士史学論文集』全４巻, 名著普及会, 1989年
田中彰校注『特命全権大使米欧回覧実記』全５巻（岩波文庫）岩波書店, 1977〜82年
〈史料〉
学海日録研究会編『学海日録』全12巻, 岩波書店, 1990〜93年
久米美術館編『久米邦武文書』全４巻, 吉川弘文館, 1999〜2001年
辻善之助先生生誕百年記念会編『辻善之助博士自歴年譜稿』続群書類従完成会, 1977年
東京大学史料編纂所編『東京大学史料編纂所史史料集』東京大学出版会, 2001年
三上参次『明治時代の歴史学界』吉川弘文館, 1991年
「重野家史料」（東京大学史料編纂所蔵）
「星岡史話」（東京大学史料編纂所蔵）
〈伝記・研究〉
秋元信英「久米邦武事件三題」『日本歴史』475, 1987年
池田智文「日本近代史学と近代天皇制国家⑵　重野安繹における「史学」と「道徳」」『国史学研究』24, 2000年
岩井忠熊「重野安繹」「久米邦武」永原慶二・鹿野政直編著『日本の歴史家』日本評論社, 1976年
大久保利謙『日本近代史学の成立』（大久保利謙歴史著作集第７巻）吉川弘文館, 1988年
大久保利謙編『久米邦武の研究』吉川弘文館, 1991年
桂島宣弘『思想史の19世紀』ぺりかん社, 1999年
坂口筑母『稿本重野成齋伝』私家版, 1997年
高田誠二『久米邦武』ミネルヴァ書房, 2007年
田中彰『岩倉使節団の歴史的研究』岩波書店, 2002年
沼田次郎「明治初期における西洋史学の輸入について」伊東多三郎編『国民生活史研究　第３集』吉川弘文館, 1958年
兵頭晶子「久米事件という分水嶺」『日本思想史研究会会報』20, 2003年
福井純子「『米欧回覧実記』の成立」西川長夫・松宮秀治編『米欧回覧実記を読む』法律文化社, 1995年
宮地正人『天皇制の政治史的研究』校倉書房, 1981年
Margaret Mehl, *History and the State in Nineteenth-Century Japan*, New York, 1998.

なお, 本書は科学研究費補助金・若手研究（B）「明治太政官における同時代史編纂の史学史的・記録管理史的研究」による研究成果の一部である。

## 久米邦武とその時代

| 西暦 | 年号 | 齢 | おもな事項 |
|---|---|---|---|
| 1839 | 天保10 | 1 | *7-11* 佐賀城下八幡小路に生まれる |
| 1846 | 弘化3 | 8 | 蒙養舎に入学 |
| 1854 | 安政元 | 16 | 弘道館内生寮に入学 |
| 1863 | 文久3 | 25 | *1-* 江戸にでて，昌平坂学問所にはいる |
| 1864 | 元治元 | 26 | *4-* 昌平坂学問所を退寮。佐賀に戻る。*9-* 鍋島閑叟の小姓となる |
| 1868 | 明治元 | 30 | 弘道館教諭 |
| 1869 | 2 | 31 | *2-*「藩治規約」を起草。*9-* 佐賀藩大史兼神事局大弁務 |
| 1870 | 3 | 32 | *10-* 佐賀藩権大属(翌年7月，大属) |
| 1871 | 4 | 33 | *7-* 廃藩置県。鍋島家家扶となる。*11-5* 太政官権少外史，岩倉使節団への随行を命ぜられる。*11-12* 横浜出航。以後，使節団の随行としてアメリカ・ヨーロッパを巡回 |
| 1873 | 6 | 35 | *9-13* 帰国。*10-5* 特命全権大使事務局出仕 |
| 1875 | 8 | 37 | *2-23* 大使事務局書類取調御用を命じられる |
| 1877 | 10 | 39 | *1-18* 太政官少書記官。記録掛に配属 |
| 1878 | 11 | 40 | *10-*『特命全権大使米欧回覧実記』刊行 |
| 1879 | 12 | 41 | *3-13* 修史館三等編修官 |
| 1880 | 13 | 42 | *6〜7-* 明治天皇の巡幸に供奉。「東海東山巡幸日記」を執筆 |
| 1881 | 14 | 43 | *12-22* 二等編修官 |
| 1886 | 19 | 48 | *1-9* 修史館廃止，内閣臨時修史局設置，同局編修に任命 |
| 1887 | 20 | 49 | *7〜12-* 九州7県史料調査 |
| 1888 | 21 | 50 | *10-29* 帝国大学文科大学教授。*10-30* 臨時編年史編纂委員 |
| 1891 | 24 | 53 | *4-* 史誌編纂委員。*4〜7-*「太平記は史学に益なし」を発表。*10〜12-*「神道は祭天の古俗」を発表 |
| 1892 | 25 | 54 | *1-*「神道は祭天の古俗」が『史海』に転載。*3-4* 非職。*3-30* 依願免職 |
| 1894 | 27 | 56 | *9-* 立教学校教員となる(1896年まで) |
| 1899 | 32 | 61 | *3-* 東京専門学校講師 |
| 1901 | 34 | 63 | 「古文書学講義」を『東京専門学校講義録』に連載 |
| 1902 | 35 | 64 | *10-*『日本古代史講義』を刊行 |
| 1903 | 36 | 65 | 「南北朝時代史」を『早稲田大学講義録』に連載 |
| 1909 | 42 | 71 | *7-24* 文学博士の称号を受ける |
| 1911 | 44 | 73 | *5-30* 早稲田大学教授 |
| 1915 | 大正4 | 77 | 『国史八面観』『裏日本』を刊行 |
| 1918 | 7 | 80 | *9-23* 早稲田大学講師 |
| 1920 | 9 | 82 | *11-* 侯爵鍋島家編纂所より『鍋島直正公伝』(久米執筆・編述，大隈重信監修，中野礼四郎増補校訂)刊行 |
| 1922 | 11 | 84 | *3-* 早稲田大学講師辞職 |
| 1931 | 昭和6 | 93 | *2-24* 死去 |

## 重野安繹とその時代

| 西暦 | 年号 | 齢 | お も な 事 項 |
|---|---|---|---|
| 1827 | 文政10 | 1 | *10-6* 薩摩国鹿児島郡坂本町に生まれる |
| 1839 | 天保10 | 13 | 藩校造士館にはいる |
| 1848 | 嘉永元 | 22 | 江戸にでて，昌平坂学問所にはいる |
| 1854 | 安政元 | 28 | 閏*7-* 昌平坂学問所退寮，造士館訓導師に任命 |
| 1857 | 4 | 31 | *3-* 謹慎の処分を受ける |
| 1858 | 5 | 32 | *3-* 奄美大島に遠島 |
| 1863 | 文久3 | 37 | 春- 帰藩を許され，庭方に任命。*7-* 薩英戦争。開戦に先立ち使者となる。*8〜11-* 江戸・神奈川で対英交渉の薩摩代表団の一員となる |
| 1864 | 元治元 | 38 | 九州・中国の情報探索に派遣される。*6-* 造士館訓導師に再任。*7-*「皇朝世鑑」の編纂の主任を命じられる |
| 1866 | 慶応2 | 40 | 『和訳万国公法』の翻訳に従事 |
| 1868 | 明治元 | 42 | 大阪に派遣 |
| 1871 | 4 | 45 | *9-* 東京に転居。*12-26* 文部省八等出仕 |
| 1872 | 5 | 46 | *5-17* 左院編集局掛。*10-4* 太政官正院歴史課設置 |
| 1875 | 8 | 49 | *4-14* 歴史課，修史局と改称。修史局副長，一等修撰に任命される |
| 1877 | 10 | 51 | *1-* 修史局廃止，修史館設置。*1-26* 修史館一等編修官に任命 |
| 1879 | 12 | 53 | *12-15*「国史編纂の方法を論ず」を東京学士会院で講演 |
| 1881 | 14 | 55 | *12-22* 修史館編修副長官 |
| 1882 | 15 | 56 | 「大日本編年史」の編纂開始 |
| 1885 | 18 | 59 | *7〜10-* 関東6県史料調査 |
| 1886 | 19 | 60 | *1-9* 修史館廃止，内閣臨時修史局設置，同局編修長に任命 |
| 1888 | 21 | 62 | *5-7* 文学博士の称号を受ける。*10-29* 元老院議官(1890年まで)。*10-* 帝国大学臨時編年史編纂掛設置。*11-10* 臨時編年史編纂委員長・帝国大学文科大学教授 |
| 1889 | 22 | 63 | *6-* 帝国大学文科大学に国史科設置。*11-* 史学会設立。初代会長となる |
| 1890 | 23 | 64 | *9-29* 貴族院議員に勅選。*10-* 重野・久米・星野恒著『稿本国史眼』刊行 |
| 1891 | 24 | 65 | *3-31* 地誌編纂掛と臨時編年史編纂掛合併，史誌編纂掛となる。史誌編纂委員長に任命 |
| 1893 | 26 | 67 | *4-10* 史誌編纂掛廃止。史誌編纂委員長を免ぜられる |
| 1895 | 28 | 69 | *4-1* 史料編纂掛設置 |
| 1898 | 31 | 72 | *9-20* 東京帝国大学文科大学教授 |
| 1901 | 34 | 75 | *7-27* 東京帝国大学文科大学教授依願免職 |
| 1906 | 39 | 80 | *2-27* 東京帝国大学名誉教授の称号を受ける |
| 1907 | 40 | 81 | *3〜9-* ヴィーンで開催された万国学士院連合総会に参加 |
| 1910 | 43 | 84 | *12-6* 死去 |

松沢裕作（まつざわ ゆうさく）
1976年生まれ
東京大学大学院人文社会系研究科博士課程中途退学
専攻，日本近代史
現在，慶應義塾大学経済学部准教授
主要著書
『明治地方自治体制の起源』（東京大学出版会2009）
『史料を読み解く4　幕末・維新の政治と社会』（共著，山川出版社2009）
『近代日本のヒストリオグラフィー』（編著，山川出版社2015）
『自由民権運動』（岩波書店2016）

日本史リブレット人 082
重野安繹《しげのやすつぐ》と久米邦武《くめくにたけ》
「正史」を夢みた歴史家
2012年3月20日　1版1刷　発行
2018年8月20日　1版2刷　発行
著者：松沢裕作《まつざわゆうさく》
発行者：野澤伸平
発行所：株式会社 山川出版社
〒101－0047　東京都千代田区内神田1－13－13
電話 03(3293)8131（営業）
03(3293)8135（編集）
https://www.yamakawa.co.jp/
振替 00120-9-43993
印刷所：明和印刷株式会社
製本所：株式会社 ブロケード
装幀：菊地信義

Printed in Japan ISBN 978-4-634-54882-4

# 日本史リブレット 人

1 卑弥呼と台与 — 仁藤敦史
2 倭の五王 — 森　公章
3 蘇我大臣家 — 佐藤長門
4 聖徳太子 — 大平　聡
5 天智天皇 — 須原祥二
6 天武天皇と持統天皇 — 義江明子
7 聖武天皇 — 寺崎保広
8 行基 — 鈴木景二
9 藤原不比等 — 坂上康俊
10 大伴家持 — 鐘江宏之
11 桓武天皇 — 西本昌弘
12 空海 — 曾根正人
13 円珍と円仁 — 平野卓治
14 菅原道真 — 大隅清陽
15 藤原良房 — 今　正秀
16 宇多天皇と醍醐天皇 — 川尻秋生
17 平将門と藤原純友 — 下向井龍彦
18 源信と空也 — 新川登亀男
19 藤原道長 — 大津　透
20 清少納言と紫式部 — 丸山裕美子
21 後三条天皇 — 美川　圭
22 源義家 — 野口　実
23 奥州藤原三代 — 斉藤利男
24 後白河上皇 — 遠藤基郎
25 平清盛 — 上杉和彦
26 源頼朝 — 高橋典幸
27 重源と栄西 — 久野修義
28 法然 — 平　雅行
29 北条時政と北条政子 — 関　幸彦
30 藤原定家 — 五味文彦
31 後鳥羽上皇 — 杉橋隆夫
32 北条泰時 — 三田武繁
33 日蓮と一遍 — 佐々木馨
34 北条時宗と安達泰盛 — 福島金治
35 北条高時と金沢貞顕 — 永井　晋
36 足利尊氏と足利直義 — 山家浩樹
37 後醍醐天皇 — 本郷和人
38 北畠親房と今川了俊 — 近藤成一
39 足利義満 — 伊藤喜良
40 足利義政と日野富子 — 田端泰子
41 蓮如 — 神田千里
42 北条早雲 — 池上裕子
43 武田信玄と毛利元就 — 鴨川達夫
44 フランシスコ＝ザビエル — 浅見雅一
45 織田信長 — 藤田達生
46 徳川家康 — 藤井讓治
47 後水尾天皇と東福門院 — 山口和夫
48 徳川光圀 — 鈴木暎一
49 徳川綱吉 — 福田千鶴
50 渋川春海 — 林　淳
51 徳川吉宗 — 大石　学
52 田沼意次 — 深谷克己
53 遠山景元 — 藤田　覚
54 酒井抱一 — 玉蟲敏子
55 葛飾北斎 — 小林　忠
56 塙保己一 — 高埜利彦
57 伊能忠敬 — 星埜由尚
58 近藤重蔵と近藤富蔵 — 谷本晃久
59 二宮尊徳 — 舟橋明宏
60 平田篤胤と佐藤信淵 — 小野　将
61 大原幽学と飯岡助五郎 — 高橋　敏
62 ケンペルとシーボルト — 松井洋子
63 小林一茶 — 青木美智男
64 鶴屋南北 — 諏訪春雄
65 中山みき — 小澤　浩
66 勝小吉と勝海舟 — 大口勇次郎
67 坂本龍馬 — 井上　勲
68 土方歳三と榎本武揚 — 宮地正人
69 徳川慶喜 — 松尾正人
70 木戸孝允 — 一坂太郎
71 西郷隆盛 — （交渉中）
72 大久保利通 — 佐々木克
73 明治天皇と昭憲皇太后 — 佐々木隆
74 岩倉具視 — 坂本一登
75 後藤象二郎 — 鳥海　靖
76 福澤諭吉と大隈重信 — 池田勇太
77 伊藤博文と山県有朋 — 西川　誠
78 井上馨 — 神山恒雄
79 河野広中と田中正造 — （交渉中）
80 尚泰 — 我部政男
81 森有礼と内村鑑三 — 狐塚裕子
82 重野安繹と久米邦武 — 松沢裕作
83 徳富蘇峰 — 中野目徹
84 岡倉天心と大川周明 — 塩出浩之
85 渋沢栄一 — 井上　潤
86 三野村利左衛門と益田孝 — 森田貴子
87 ボアソナード — 池田眞朗
88 島地黙雷 — 山口輝臣
89 児玉源太郎 — 大澤博明
90 西園寺公望 — 永井　和
91 桂太郎と森鷗外 — 荒木康彦
92 高峰譲吉と豊田佐吉 — 鈴木　淳
93 平塚らいてう — 差波亜紀子
94 原敬 — 季武嘉也
95 美濃部達吉と吉野作造 — 古川江里子
96 斎藤実 — 小林和幸
97 田中義一 — 加藤陽子
98 松岡洋右 — 田浦雅徳
99 溥儀 — 塚瀬　進
100 東条英機 — 古川隆久

〈白ヌキ数字は既刊〉